Chat GPT: Come funziona e guadagnare con l'uso della tecnologia di Intelligenza Artificiale

Espandi il tuo business e ottieni un vantaggio competitivo con la guida completa per sfruttare Chat GPT, la tecnologia di Intelligenza Artificiale all'avanguardia, per creare chatbot personalizzati, fornire risposte personalizzate e utilizzare la tecnologia per la pubblicità, generando così entrate innovative e aumentando la tua presenza digitale

Evoluzione Personale

Chat GPT (Generative Pre-trained Transformer) è una tecnologia di Intelligenza Artificiale sviluppata da OpenAI, che utilizza algoritmi avanzati di deep learning per generare risposte coerenti e pertinenti alle domande degli utenti. La tecnologia di Chat GPT si basa sul principio di "auto-apprendimento", ovvero è in grado di imparare continuamente dalle interazioni con gli utenti, migliorando così costantemente la sua capacità di generare risposte sempre più precise e pertinenti.

Il funzionamento di Chat GPT si basa su una rete neurale artificiale, che viene addestrata su un enorme corpus di testi in lingua naturale, selezionati da fonti affidabili come Wikipedia, libri e articoli di giornale. Grazie a questo addestramento, la rete neurale di Chat GPT è in grado di comprendere il contesto delle domande degli utenti e di generare risposte coerenti e pertinenti.

Oltre alla capacità di generare risposte sempre più precise e pertinenti, la tecnologia di Chat GPT è in grado di riconoscere e rispondere a un'ampia gamma di domande e richieste, sia in lingua naturale che in linguaggio tecnico, rendendola estremamente versatile e adattabile a molteplici contesti.

L'utilizzo di Chat GPT si sta diffondendo sempre di più in vari settori, come la finanza, l'assistenza sanitaria, l'educazione e il marketing, e sta rivoluzionando il modo in cui le aziende interagiscono con i propri clienti e i consumatori.

In sintesi, Chat GPT è una tecnologia di Intelligenza Artificiale all'avanguardia, in grado di generare risposte sempre più precise e pertinenti alle domande degli utenti. Grazie alla sua capacità di apprendimento continuo e alla sua versatilità, la tecnologia di Chat GPT sta rivoluzionando il modo in cui le aziende interagiscono con i propri clienti e i consumatori, aprendo nuove opportunità di business e migliorando l'esperienza utente.

Ci sono molte aziende che stanno sfruttando la tecnologia di Chat GPT per migliorare l'esperienza utente e creare nuove opportunità di business. Ecco alcuni esempi di aziende che utilizzano Chat GPT:

Microsoft: Microsoft ha integrato la tecnologia di Chat GPT nella propria piattaforma di assistenza virtuale, Microsoft Virtual Agent, che fornisce supporto ai clienti su una vasta gamma di problemi tecnici e di prodotto.

Airbnb: Airbnb utilizza la tecnologia di Chat GPT per fornire ai propri utenti assistenza personalizzata attraverso il sistema di messaggistica in-app. La tecnologia di Chat GPT aiuta gli host e gli ospiti a rispondere alle domande comuni e a risolvere i problemi più rapidamente.

Mastercard: Mastercard ha sviluppato una chatbot basata sulla tecnologia di Chat GPT per aiutare i clienti a gestire le proprie finanze, fornendo informazioni sui conti, le transazioni e il saldo disponibile.

The New York Times: Il New York Times ha utilizzato la tecnologia di Chat GPT per creare un assistente virtuale chiamato "The News Quiz", che sfida gli utenti a rispondere a domande sulla notizie e fornisce loro feedback personalizzato in base alle risposte date.

Hugging Face: Hugging Face è un'azienda che si occupa di sviluppare chatbot personalizzati per le aziende, utilizzando la tecnologia di Chat GPT. Grazie alla loro expertise, Hugging Face è stata in grado di creare chatbot innovativi e altamente intelligenti per aziende di varie dimensioni e settori.

Questi sono solo alcuni esempi di aziende che stanno utilizzando la tecnologia di Chat GPT per migliorare la propria offerta di servizi e creare nuove opportunità di business. Grazie alla sua versatilità e alla sua capacità di apprendimento continuo, la tecnologia di Chat GPT sta diventando sempre più popolare tra le aziende di tutto il mondo.

L'utilizzo di Chat GPT da parte delle aziende offre numerosi vantaggi, tra cui:

Miglioramento dell'esperienza utente: La tecnologia di Chat GPT consente alle aziende di fornire ai propri utenti risposte rapide, accurate e personalizzate alle loro domande e richieste. Ciò migliora l'esperienza utente, aumentando la soddisfazione del cliente e migliorando la reputazione dell'azienda.

Aumento dell'efficienza: Grazie alla capacità di Chat GPT di automatizzare molte delle interazioni con i clienti, le aziende possono ridurre il tempo e le risorse necessarie per fornire assistenza e supporto ai propri clienti. Ciò consente alle aziende di gestire un maggior volume di richieste con meno risorse.

Riduzione dei costi: L'automazione delle interazioni con i clienti consente alle aziende di ridurre i costi di gestione dei servizi di assistenza clienti. Ciò può portare a un notevole risparmio di costi per le aziende.

Maggiore scalabilità: La tecnologia di Chat GPT consente alle aziende di gestire un maggior volume di interazioni con i clienti, senza la necessità di assumere personale aggiuntivo. Ciò consente alle aziende di scalare rapidamente la propria offerta di servizi in modo efficiente.

Miglioramento della qualità dei dati: Grazie alla capacità di Chat GPT di raccogliere e analizzare grandi quantità di dati, le aziende possono ottenere informazioni preziose sui loro clienti e sulle loro esigenze. Ciò consente alle aziende di migliorare la qualità dei propri dati e di prendere decisioni più informate sulla propria strategia di business.

La tecnologia di Chat GPT utilizza l'analisi dei dati per migliorare la qualità dei dati raccolti durante l'interazione con gli utenti. In particolare, la tecnologia di Chat GPT utilizza tecniche di analisi del linguaggio naturale (NLP) e di machine learning per estrarre informazioni significative dai dati raccolti e migliorare la comprensione dei bisogni e delle esigenze degli utenti.

Ecco come funziona l'analisi dei dati da parte di Chat GPT per migliorare la qualità dei dati:

Raccolta dei dati: Chat GPT raccoglie dati durante le interazioni con gli utenti, ad esempio le domande poste dagli utenti e le risposte generate dalla tecnologia. Questi dati vengono poi elaborati e analizzati per estrarre informazioni utili.

Pre-elaborazione dei dati: Prima di analizzare i dati, Chat GPT esegue un'operazione di pre-elaborazione dei dati, che consiste in una serie di tecniche di pulizia e normalizzazione dei dati. Queste tecniche consentono di rimuovere eventuali rumori o ambiguità dai dati e di renderli più coerenti e consistenti.

Analisi dei dati: Dopo la pre-elaborazione dei dati, Chat GPT utilizza tecniche di analisi del linguaggio naturale e di machine learning per estrarre informazioni significative dai dati raccolti. Ad esempio, la tecnologia può analizzare i dati per identificare i problemi più comuni riscontrati dagli utenti e le aree di miglioramento della propria offerta di servizi.

Generazione di insight: Sulla base dei dati analizzati, Chat GPT genera insight utili per migliorare la propria offerta di servizi. Ad esempio, la tecnologia può suggerire nuove funzionalità da aggiungere alla propria piattaforma o miglioramenti da apportare alla propria strategia di assistenza clienti.

Addestramento del modello: Per migliorare continuamente la qualità dei dati analizzati, Chat GPT addestra continuamente il proprio modello di machine learning sui nuovi dati raccolti durante le interazioni con gli utenti. Ciò consente alla tecnologia di migliorare costantemente la propria capacità di estrarre informazioni significative dai dati e di generare insight utili per migliorare la propria offerta di servizi.

Supponiamo che un'azienda di e-commerce stia utilizzando la tecnologia di Chat GPT per fornire assistenza clienti tramite il proprio sito web. L'azienda ha notato che molti degli utenti che utilizzano il servizio di chatbot si lamentano della difficoltà di trovare il prodotto che stanno cercando sul sito.

Per migliorare la qualità dei dati e comprendere meglio le esigenze degli utenti, l'azienda ha utilizzato Chat GPT per analizzare i dati raccolti durante le interazioni degli utenti con il chatbot. La tecnologia ha estratto informazioni significative dai dati, ad esempio i termini di ricerca più comuni utilizzati dagli utenti e i prodotti che gli utenti stanno cercando.

Sulla base di queste informazioni, l'azienda ha apportato alcune modifiche al proprio sito web, ad esempio ha migliorato la navigazione del sito e ha aggiunto nuove funzionalità per aiutare gli utenti a trovare più facilmente i prodotti che stanno cercando. Inoltre, l'azienda ha migliorato la qualità delle informazioni sui prodotti sul sito web, includendo descrizioni più dettagliate e immagini di alta qualità.

Grazie alle informazioni estratte da Chat GPT, l'azienda è stata in grado di comprendere meglio le esigenze degli utenti e di apportare miglioramenti significativi alla propria offerta di servizi. Ciò ha migliorato l'esperienza degli utenti sul sito web e ha aumentato la soddisfazione del cliente.

In sintesi, l'utilizzo di Chat GPT ha permesso a un'azienda di comprendere meglio le esigenze degli utenti e di apportare miglioramenti significativi alla propria offerta di servizi, migliorando l'esperienza degli utenti sul sito web e aumentando la soddisfazione del cliente.

Spotify: Spotify ha utilizzato la tecnologia di Chat GPT per analizzare i dati raccolti durante le interazioni degli utenti con il proprio servizio di streaming musicale. La tecnologia ha permesso a Spotify di comprendere meglio i gusti musicali degli utenti e di suggerire playlist personalizzate e raccomandazioni di artisti in modo più accurato.

American Express: American Express ha utilizzato la tecnologia di Chat GPT per analizzare i dati raccolti durante le interazioni degli utenti con il proprio servizio clienti. La tecnologia ha permesso ad American Express di comprendere meglio le esigenze dei propri clienti e di fornire assistenza personalizzata e risposte più rapide alle loro domande.

Uber: Uber ha utilizzato la tecnologia di Chat GPT per analizzare i dati raccolti durante le interazioni degli utenti con il proprio servizio di ride-sharing. La tecnologia ha permesso a Uber di comprendere meglio le esigenze dei propri utenti e di migliorare la precisione delle previsioni sui tempi di arrivo dei driver.

Coca-Cola: Coca-Cola ha utilizzato la tecnologia di Chat GPT per analizzare i dati raccolti durante le interazioni degli utenti con il proprio sito web e le attività sui social media. La tecnologia ha permesso a Coca-Cola di comprendere meglio le preferenze dei propri consumatori e di creare messaggi di marketing più efficaci e personalizzati.

Mastercard: Mastercard ha utilizzato la tecnologia di Chat GPT per analizzare i dati raccolti durante le interazioni degli utenti con il proprio servizio di assistenza clienti. La tecnologia ha permesso a Mastercard di comprendere meglio le esigenze dei propri clienti e di fornire assistenza personalizzata più efficace.

ci sono molte risorse disponibili per aiutare le aziende a implementare Chat GPT. Ecco alcuni suggerimenti su dove trovare ulteriori informazioni:

Documentazione OpenAI: OpenAI, il team che ha sviluppato la tecnologia di Chat GPT, fornisce una documentazione completa sulle funzionalità della tecnologia e su come utilizzarla. La documentazione è disponibile sul sito web di OpenAI e include guide e tutorial dettagliati per l'implementazione di Chat GPT.

Comunità di sviluppatori: Ci sono numerose comunità online di sviluppatori che discutono l'implementazione di Chat GPT e condividono idee e suggerimenti. Ad esempio, il subreddit di OpenAI su Reddit è un'ottima risorsa per trovare informazioni e risorse sulla tecnologia di Chat GPT.

Corsi online: Ci sono molti corsi online disponibili per imparare a utilizzare la tecnologia di Chat GPT. Questi corsi possono essere utili per apprendere le basi della tecnologia e per acquisire competenze per l'implementazione di Chat GPT.

Aziende specializzate: Ci sono anche aziende specializzate nell'implementazione di Chat GPT che possono fornire supporto e consulenza alle aziende per l'implementazione della tecnologia. Queste aziende possono fornire assistenza nella progettazione e sviluppo di soluzioni personalizzate per le esigenze specifiche dell'azienda.

L'implementazione di Chat GPT richiede una serie di competenze tecniche, tra cui:

Conoscenza del linguaggio di programmazione: Per implementare Chat GPT, è necessario avere una conoscenza approfondita del linguaggio di programmazione, ad esempio Python, in quanto la tecnologia utilizza modelli di machine learning e algoritmi di elaborazione del linguaggio naturale.

Conoscenza del machine learning: Chat GPT si basa sulla tecnologia di machine learning per elaborare i dati e migliorare la propria capacità di analisi del linguaggio naturale. Pertanto, è necessario avere una conoscenza di base dei concetti di machine learning, ad esempio regressione, classificazione, clustering e algoritmi di apprendimento profondo.

Conoscenza del linguaggio naturale: Per implementare Chat GPT, è necessario avere una conoscenza approfondita del linguaggio naturale e delle tecniche di elaborazione del linguaggio naturale, ad esempio l'analisi semantica e sintattica, la generazione di testo e la classificazione di testo.

Esperienza con strumenti di elaborazione del linguaggio naturale: È necessario avere familiarità con gli strumenti di elaborazione del linguaggio naturale, ad esempio Natural Language Toolkit (NLTK), Spacy, TensorFlow e PyTorch.

Conoscenza di cloud computing: Chat GPT richiede l'utilizzo di risorse di cloud computing per l'elaborazione dei dati e l'allenamento del modello di machine learning. Pertanto, è necessario avere una conoscenza di base dei concetti di cloud computing e delle piattaforme di cloud computing, ad esempio Amazon Web Services (AWS) o Microsoft Azure.

In sintesi, l'implementazione di Chat GPT richiede una serie di competenze tecniche, tra cui una conoscenza approfondita del linguaggio di programmazione, del machine learning, del linguaggio naturale, degli strumenti di elaborazione del linguaggio naturale e del cloud computing. Tuttavia, ci sono anche soluzioni preconfezionate disponibili sul mercato che possono aiutare le aziende a implementare Chat GPT con meno competenze tecniche richieste.

Ci sono diverse soluzioni preconfezionate disponibili sul mercato per implementare Chat GPT senza richiedere una conoscenza avanzata di machine learning o di elaborazione del linguaggio naturale. Ecco alcune delle soluzioni più popolari:

Dialogflow: Dialogflow è una piattaforma di elaborazione del linguaggio naturale basata su cloud che consente di creare chatbot e assistenti vocali avanzati senza richiedere una conoscenza avanzata di machine learning o di elaborazione del linguaggio naturale. Dialogflow utilizza l'algoritmo di elaborazione del linguaggio naturale di Google per analizzare le richieste degli utenti e fornire risposte appropriate.

IBM Watson Assistant: IBM Watson Assistant è una piattaforma di chatbot basata su cloud che consente di creare chatbot personalizzati utilizzando l'elaborazione del linguaggio naturale e il machine learning. IBM Watson Assistant include anche funzionalità avanzate, come la comprensione del contesto e l'analisi degli intenti, per fornire risposte più accurate.

Botpress: Botpress è una piattaforma di chatbot open source che consente di creare chatbot personalizzati utilizzando l'elaborazione del linguaggio naturale e il machine learning. Botpress include anche funzionalità avanzate, come l'analisi degli intenti e la generazione di testo, per fornire risposte più accurate.

Rasa: Rasa è una piattaforma di chatbot open source che consente di creare chatbot personalizzati utilizzando l'elaborazione del linguaggio naturale e il machine learning. Rasa include anche funzionalità avanzate, come l'analisi degli intenti e la generazione di testo, per fornire risposte più accurate.

TARS: TARS è una piattaforma di chatbot basata su cloud che consente di creare chatbot personalizzati utilizzando un'interfaccia visuale drag-and-drop. TARS include anche funzionalità avanzate, come l'analisi degli intenti e la generazione di testo, per fornire risposte più accurate.

In sintesi, ci sono diverse soluzioni preconfezionate disponibili sul mercato per implementare Chat GPT senza richiedere una conoscenza avanzata di machine learning o di elaborazione del linguaggio naturale. Queste soluzioni includono Dialogflow, IBM Watson Assistant, Botpress, Rasa e TARS, che offrono funzionalità avanzate per creare chatbot personalizzati e assistenti virtuali avanzati.

esistono diverse soluzioni preconfezionate disponibili per integrare Chat GPT con i social media, consentendo alle aziende di creare chatbot personalizzati e assistenti virtuali avanzati che possono interagire con i propri clienti sui social media. Ecco alcune delle soluzioni più popolari:

ManyChat: ManyChat è una piattaforma di chatbot basata su cloud che consente di creare chatbot personalizzati per Facebook Messenger, Instagram, WhatsApp e altri canali di messaggistica. ManyChat utilizza l'elaborazione del linguaggio naturale per analizzare le richieste degli utenti e fornire risposte appropriate.

Chatfuel: Chatfuel è una piattaforma di chatbot basata su cloud che consente di creare chatbot personalizzati per Facebook Messenger. Chatfuel utilizza l'elaborazione del linguaggio naturale per analizzare le richieste degli utenti e fornire risposte appropriate.

Tars: Tars è una piattaforma di chatbot basata su cloud che consente di creare chatbot personalizzati per Facebook Messenger, WhatsApp e altri canali di messaggistica. Tars utilizza l'elaborazione del linguaggio naturale per analizzare le richieste degli utenti e fornire risposte appropriate.

MobileMonkey: MobileMonkey è una piattaforma di chatbot basata su cloud che consente di creare chatbot personalizzati per Facebook Messenger, Instagram e SMS. MobileMonkey utilizza l'elaborazione del linguaggio naturale per analizzare le richieste degli utenti e fornire risposte appropriate.

Botsify: Botsify è una piattaforma di chatbot basata su cloud che consente di creare chatbot personalizzati per Facebook Messenger, WhatsApp e altri canali di messaggistica. Botsify utilizza l'elaborazione del linguaggio naturale per analizzare le richieste degli utenti e fornire risposte appropriate.

In sintesi, ci sono diverse soluzioni preconfezionate disponibili per integrare Chat GPT con i social media, consentendo alle aziende di creare chatbot personalizzati e assistenti virtuali avanzati che possono interagire con i propri clienti sui social media. Queste soluzioni includono ManyChat, Chatfuel, Tars, MobileMonkey e Botsify, che offrono funzionalità avanzate per creare chatbot personalizzati e assistenti virtuali avanzati su diverse piattaforme di social media.

Le soluzioni di chatbot preconfezionate offrono una vasta gamma di funzionalità avanzate, tra cui:

Elaborazione del linguaggio naturale: Tutte le principali soluzioni di chatbot preconfezionate utilizzano l'elaborazione del linguaggio naturale (NLP) per analizzare le richieste degli utenti e fornire risposte appropriate.

Analisi degli intenti: L'analisi degli intenti consente di comprendere il motivo per cui un utente ha inviato un messaggio e di fornire una risposta appropriata. Questa funzionalità consente ai chatbot di fornire risposte più precise e pertinenti.

Generazione di testo: La generazione di testo consente ai chatbot di generare risposte automaticamente, senza la necessità di una risposta predefinita. Questo aiuta a rendere le conversazioni più fluide e naturali.

Integrazioni di terze parti: Le soluzioni di chatbot preconfezionate possono essere integrate con altre piattaforme di terze parti, come CRM, software di automazione del marketing, sistemi di supporto clienti e altro ancora.

Analisi delle conversazioni: L'analisi delle conversazioni consente di analizzare le conversazioni dei chatbot per identificare i problemi comuni degli utenti, migliorare le risposte dei chatbot e ottimizzare le conversazioni.

Supporto multilingue: Le soluzioni di chatbot preconfezionate offrono spesso supporto multilingue, consentendo ai chatbot di comunicare con gli utenti in diverse lingue.

Personalizzazione: Le soluzioni di chatbot preconfezionate offrono spesso funzionalità di personalizzazione, come la possibilità di creare risposte personalizzate in base alle informazioni dell'utente, come il nome, l'età e le preferenze.

è possibile personalizzare il tuo chatbot per rispondere in base alle preferenze dei tuoi utenti. Ci sono diverse soluzioni di chatbot preconfezionate che offrono funzionalità di personalizzazione, consentendo ai chatbot di raccogliere informazioni sugli utenti e di utilizzare queste informazioni per fornire risposte personalizzate e pertinenti.

Ad esempio, i chatbot possono raccogliere informazioni sugli utenti, come il nome, l'età, il sesso, la posizione geografica e le preferenze personali, e utilizzare queste informazioni per fornire risposte personalizzate. Inoltre, i chatbot possono utilizzare l'analisi delle conversazioni per identificare i problemi comuni degli utenti e personalizzare le risposte per soddisfare le esigenze specifiche degli utenti.

Le soluzioni preconfezionate di chatbot offrono spesso funzionalità di personalizzazione che consentono ai proprietari di chatbot di creare risposte personalizzate in base alle informazioni dell'utente. Ad esempio, alcune soluzioni di chatbot consentono ai proprietari di creare risposte personalizzate in base alla posizione geografica dell'utente o alle sue preferenze di prodotto.

Inoltre, è possibile utilizzare le integrazioni di terze parti con le soluzioni preconfezionate di chatbot per raccogliere informazioni sugli utenti da altre fonti, come i social media, i sistemi di supporto clienti o i software di CRM, e utilizzare queste informazioni per personalizzare le risposte del chatbot.

In sintesi, è possibile personalizzare il tuo chatbot per rispondere in base alle preferenze dei tuoi utenti utilizzando soluzioni di chatbot preconfezionate che offrono funzionalità di personalizzazione. Queste funzionalità consentono ai chatbot di raccogliere informazioni sugli utenti e utilizzare queste informazioni per fornire risposte personalizzate e pertinenti.

Personalizzare il tuo chatbot per le preferenze degli utenti presenta numerosi vantaggi, tra cui:

Miglioramento dell'esperienza utente: Personalizzare il tuo chatbot consente di offrire un'esperienza utente migliorata, fornendo risposte pertinenti e personalizzate alle richieste degli utenti.

Miglioramento dell'efficienza: Personalizzare il tuo chatbot consente di automatizzare la gestione delle richieste degli utenti, aumentando l'efficienza del tuo servizio clienti e riducendo i tempi di attesa per gli utenti.

Incremento delle conversioni: Personalizzare il tuo chatbot consente di fornire risposte personalizzate e pertinenti alle richieste degli utenti, aumentando le possibilità di conversione degli utenti in clienti effettivi.

Riduzione degli errori: Personalizzare il tuo chatbot consente di fornire risposte più precise e pertinenti, riducendo la possibilità di errori e migliorando la qualità del servizio fornito.

Riduzione dei costi: Personalizzare il tuo chatbot consente di automatizzare la gestione delle richieste degli utenti, riducendo i costi del servizio clienti e migliorando la produttività complessiva dell'azienda.

ci sono alcuni casi in cui personalizzare il chatbot potrebbe non essere utile. Ecco alcuni esempi:

Natura generica delle richieste: Se le richieste degli utenti sono molto generiche e non richiedono informazioni specifiche sull'utente, la personalizzazione del chatbot potrebbe non essere necessaria. Ad esempio, se un utente chiede "Quali sono i vostri orari di apertura?", una risposta standard fornita dal chatbot potrebbe essere sufficiente.

Privacy degli utenti: Se la natura delle informazioni richieste dal chatbot riguarda la privacy degli utenti, potrebbe essere necessario limitare la personalizzazione del chatbot. Ad esempio, se il chatbot richiede informazioni personali dell'utente, come il numero di telefono o l'indirizzo di casa, potrebbe essere necessario limitare l'utilizzo di queste informazioni per evitare problemi di privacy.

Mancanza di informazioni sugli utenti: Se non ci sono informazioni sufficienti sugli utenti per personalizzare il chatbot, potrebbe essere difficile fornire risposte pertinenti e personalizzate. In questo caso, potrebbe essere più efficace utilizzare risposte standard o fornire aiutare umana.

Richieste tecniche complesse: Se le richieste degli utenti richiedono una conoscenza tecnica o specialistica, la personalizzazione del chatbot potrebbe non essere sufficiente per fornire risposte accurate. In questo caso, potrebbe essere necessario coinvolgere un esperto umano per fornire assistenza.

La personalizzazione del chatbot è utile in una vasta gamma di casi, tra cui:

Servizio clienti: La personalizzazione del chatbot è particolarmente utile per il servizio clienti. I chatbot possono essere personalizzati per fornire risposte appropriate e pertinenti alle richieste degli utenti, riducendo i tempi di attesa e migliorando l'esperienza utente complessiva.

Automatizzazione delle vendite: La personalizzazione del chatbot è utile per l'automatizzazione delle vendite. I chatbot possono essere personalizzati per raccogliere informazioni sugli utenti e fornire raccomandazioni di prodotto personalizzate, aumentando le possibilità di conversione degli utenti in clienti effettivi.

Supporto tecnico: La personalizzazione del chatbot è utile per il supporto tecnico. I chatbot possono essere personalizzati per fornire risposte specifiche alle richieste degli utenti riguardanti problemi tecnici, riducendo i tempi di attesa e migliorando l'esperienza utente complessiva.

Formazione: La personalizzazione del chatbot è utile per la formazione. I chatbot possono essere personalizzati per fornire informazioni specifiche e pertinenti agli utenti in base alle loro esigenze di apprendimento, migliorando l'efficacia complessiva della formazione.

Marketing: La personalizzazione del chatbot è utile per il marketing. I chatbot possono essere personalizzati per fornire informazioni sui prodotti e sui servizi dell'azienda e per coinvolgere gli utenti in conversazioni di marketing personalizzate, aumentando le possibilità di conversione degli utenti in clienti effettivi.

In sintesi, la personalizzazione del chatbot è utile in una vasta gamma di casi, tra cui il servizio clienti, l'automatizzazione delle vendite, il supporto tecnico, la formazione e il marketing. La personalizzazione del chatbot consente di fornire risposte appropriate e pertinenti alle richieste degli utenti, migliorando l'esperienza utente complessiva e aumentando le possibilità di conversione degli utenti in clienti effettivi.

è possibile personalizzare il tuo chatbot in modo da adattarlo alle esigenze specifiche della tua azienda. Ci sono diverse soluzioni di chatbot preconfezionate che offrono funzionalità di personalizzazione, consentendo ai proprietari di chatbot di creare risposte personalizzate e pertinenti in base alle esigenze specifiche della loro azienda.

La personalizzazione del tuo chatbot può includere la creazione di risposte personalizzate in base alla tua attività, ai tuoi prodotti o servizi, alla tua posizione geografica e alle tue esigenze di branding. Ad esempio, puoi personalizzare le risposte del tuo chatbot in modo che includano informazioni specifiche sul tuo prodotto o servizio, come le caratteristiche, i prezzi, le opzioni di personalizzazione o i tempi di consegna.

Inoltre, puoi personalizzare le risposte del tuo chatbot in modo che siano coerenti con la tua identità di marca. Ciò può includere l'utilizzo dei colori, dei loghi e delle immagini della tua azienda, così come il tono della conversazione del chatbot.

Personalizzare il tuo chatbot per rispondere in più lingue può essere un'ottima strategia per raggiungere un pubblico globale. Ecco alcuni vantaggi di personalizzare il tuo chatbot per rispondere in più lingue:

Accessibilità: Personalizzare il tuo chatbot per rispondere in più lingue consente di raggiungere un pubblico globale e di fornire assistenza a utenti di lingue diverse. Ciò aumenta la tua base di utenti e consente di raggiungere nuovi mercati.

Miglioramento dell'esperienza utente: Fornire risposte personalizzate in lingue diverse migliora l'esperienza utente complessiva. Gli utenti saranno più propensi a utilizzare il tuo servizio se possono comunicare nella loro lingua preferita.

Maggiore efficienza: Personalizzare il tuo chatbot per rispondere in più lingue consente di automatizzare la gestione delle richieste degli utenti in diverse lingue, aumentando l'efficienza del tuo servizio clienti e riducendo i tempi di attesa per gli utenti.

Competitività: La personalizzazione del tuo chatbot per rispondere in più lingue ti rende più competitivo sul mercato globale. Ciò può aumentare la tua reputazione e il tuo valore di marca.

Maggiori possibilità di vendita: Personalizzare il tuo chatbot per rispondere in più lingue consente di fornire raccomandazioni di prodotto personalizzate in base alla lingua preferita dell'utente. Ciò aumenta le possibilità di conversione degli utenti in clienti effettivi e aumenta il tuo volume di vendita.

Il modo più comune per guadagnare con un chatbot utilizzando un modello di linguaggio generativo come GPT consiste nell'utilizzare il chatbot per fornire assistenza clienti o vendere prodotti e servizi. Ecco alcuni passi dettagliati su come avviare un'attività di guadagno con un chatbot basato su GPT.

Identifica il tuo pubblico di riferimento: Il primo passo per guadagnare con un chatbot basato su GPT è identificare il tuo pubblico di riferimento. Quali sono le esigenze degli utenti? Quali sono i loro problemi? Quali sono i loro interessi? Una volta identificati questi fattori, puoi creare un chatbot che fornisca risposte pertinenti e personalizzate.

Scegli una piattaforma di chatbot: Esistono diverse piattaforme di chatbot tra cui scegliere, alcune delle quali offrono funzionalità avanzate per la personalizzazione del chatbot, come la creazione di risposte personalizzate in base alla lingua preferita dell'utente. Una volta scelta la piattaforma, puoi iniziare a creare il tuo chatbot.

Personalizza il tuo chatbot: La personalizzazione del tuo chatbot è un aspetto importante per fornire risposte pertinenti e personalizzate. Ciò può includere la creazione di risposte personalizzate in base alla tua attività, ai tuoi prodotti o servizi, alla tua posizione geografica e alle tue esigenze di branding.

Integra il tuo chatbot con il tuo sito web o il tuo negozio online: Una volta creato il tuo chatbot, puoi integrarlo con il tuo sito web o il tuo negozio online. Ciò consente agli utenti di accedere al chatbot direttamente dal tuo sito web o dal tuo negozio online, migliorando l'esperienza utente complessiva.

Utilizza il tuo chatbot per fornire assistenza clienti o vendere prodotti e servizi: Il tuo chatbot può essere utilizzato per fornire assistenza clienti o vendere prodotti e servizi. Ciò può aumentare il tuo volume di vendita e migliorare l'esperienza utente complessiva.

Monitora le prestazioni del tuo chatbot e ottimizzale: Monitora le prestazioni del tuo chatbot, come il tasso di conversione degli utenti in clienti effettivi, le richieste degli utenti e i feedback degli utenti. Ciò ti consente di ottimizzare le prestazioni del tuo chatbot e migliorare l'esperienza utente complessiva.

ci sono molteplici modi per guadagnare con un chatbot basato su GPT-3.5, tra cui:

Sviluppo e vendita di chatbot personalizzati: una delle principali opportunità per guadagnare con un chatbot basato su GPT-3.5 è lo sviluppo e la vendita di chatbot personalizzati per le aziende e i privati. Puoi offrire i tuoi servizi di sviluppo e personalizzazione di chatbot a un prezzo fisso o su base oraria.

Offerta di servizi di consulenza: se hai una vasta conoscenza di chatbot e intelligenza artificiale, puoi offrire servizi di consulenza alle aziende che vogliono utilizzare un chatbot basato su GPT-3.5 per migliorare la loro attività. Puoi fornire consulenza su come creare e configurare un chatbot, su come integrarlo con altre tecnologie e su come ottimizzare le prestazioni del chatbot.

Vendita di chatbot preconfezionati: se non vuoi sviluppare chatbot personalizzati, puoi creare e vendere chatbot preconfezionati per un'ampia gamma di settori. Ad esempio, puoi creare un chatbot di assistenza clienti, un chatbot di prenotazione di appuntamenti o un chatbot di vendita per le aziende. Puoi vendere questi chatbot a un prezzo fisso o su base abbonamento.

Offerta di servizi di formazione: se sei esperto nell'utilizzo di chatbot basati su GPT-3.5, puoi offrire servizi di formazione alle aziende e ai privati che vogliono apprendere come utilizzare questi strumenti. Puoi tenere seminari e workshop per spiegare i concetti di base dell'utilizzo dei chatbot e fornire esempi pratici di come utilizzarli per migliorare l'efficienza del business.

Vendita di accesso a database di conversazioni: se hai sviluppato un chatbot basato su GPT-3.5 che ha interagito con numerosi utenti, puoi vendere l'accesso al database di conversazioni a terzi. Questo può essere utile per le aziende che vogliono analizzare le conversazioni degli utenti per ottenere informazioni sui bisogni e sui desideri dei clienti.

Offerta di servizi di analisi dei dati: se hai competenze in analisi dei dati, puoi offrire servizi di analisi dei dati ai clienti che utilizzano chatbot basati su GPT-3.5. Puoi utilizzare gli strumenti di analisi dei dati per estrarre informazioni utili dalle conversazioni del chatbot e fornire report dettagliati sui modelli di utilizzo del chatbot e sui comportamenti degli utenti.

Vendita di servizi di monitoraggio e manutenzione: se hai sviluppato un chatbot basato su GPT-3.5 per un cliente, puoi offrire servizi di monitoraggio e manutenzione per garantire che il chatbot funzioni correttamente e che sia sempre aggiornato. Puoi monitorare le prestazioni del chatbot, risolvere i problemi tecnici e aggiornare il chatbot con nuove funzionalità.

Offerta di servizi di integrazione: se hai esperienza nello sviluppo di software, puoi offrire servizi di integrazione ai clienti che utilizzano chatbot basati su GPT-3.5. Puoi integrare il chatbot con altre applicazioni aziendali, come CRM, ERP e software di marketing automation, per ottimizzare l'efficienza del business.

Vendita di accesso a plugin e applicazioni: se hai sviluppato plugin e applicazioni per chatbot basati su GPT-3.5, puoi vendere l'accesso a questi strumenti ai clienti. Ad esempio, puoi creare un plugin per integrare il chatbot con Facebook Messenger o un'applicazione per la creazione di sondaggi con il chatbot.

Offerta di servizi di marketing: se sei esperto in marketing digitale, puoi offrire servizi di marketing ai clienti che utilizzano chatbot basati su GPT-3.5. Puoi utilizzare il chatbot per creare campagne di marketing automatizzate, inviare messaggi personalizzati agli utenti e migliorare la fidelizzazione dei clienti.

va tenuto presente che guadagnare online con Chat GPT richiede tempo, impegno e competenze specifiche. In ogni caso, ecco alcuni passi per iniziare a guadagnare con Chat GPT:

Acquisisci competenze in materia di chatbot e
intelligenza artificiale: per guadagnare con Chat
GPT, è necessario acquisire competenze specifiche
in materia di chatbot e intelligenza artificiale. Puoi
seguire corsi online gratuiti o a pagamento,
partecipare a workshop o leggere libri e articoli sul
tema.

Identifica le opportunità di mercato: una volta
acquisite le competenze, è importante individuare le
opportunità di mercato. Ad esempio, puoi valutare
la richiesta di chatbot personalizzati in un
determinato settore o identificare le esigenze degli
utenti per sviluppare un chatbot che risponda alle
loro esigenze.

Scegli la piattaforma giusta: esistono diverse
piattaforme per lo sviluppo di chatbot, come
Dialogflow, IBM Watson, Microsoft Bot Framework,
Amazon Lex e molti altri. È importante scegliere la
piattaforma in base alle esigenze del progetto e alle
proprie competenze tecniche.

Sviluppa chatbot personalizzati: una volta identificata un'opportunità di mercato e scelta la piattaforma giusta, puoi sviluppare chatbot personalizzati per le aziende o i privati. Puoi offrire i tuoi servizi di sviluppo e personalizzazione di chatbot a un prezzo fisso o su base oraria.

Offri servizi di formazione e consulenza: se sei esperto nell'utilizzo di chatbot, puoi offrire servizi di formazione e consulenza alle aziende e ai privati che vogliono apprendere come utilizzare questi strumenti. Puoi tenere seminari e workshop per spiegare i concetti di base dell'utilizzo dei chatbot e fornire esempi pratici di come utilizzarli per migliorare l'efficienza del business.

Vendita di accesso a database di conversazioni: se hai sviluppato un chatbot che ha interagito con numerosi utenti, puoi vendere l'accesso al database di conversazioni a terzi. Questo può essere utile per le aziende che vogliono analizzare le conversazioni degli utenti per ottenere informazioni sui bisogni e sui desideri dei clienti.

Offri servizi di analisi dei dati: se hai competenze in analisi dei dati, puoi offrire servizi di analisi dei dati ai clienti che utilizzano chatbot. Puoi utilizzare gli strumenti di analisi dei dati per estrarre informazioni utili dalle conversazioni del chatbot e fornire report dettagliati sui modelli di utilizzo del chatbot e sui comportamenti degli utenti.

Vendita di accesso a plugin e applicazioni: se hai sviluppato plugin e applicazioni per chatbot, puoi vendere l'accesso a questi strumenti ai clienti. Ad esempio, puoi creare un plugin per integrare il chatbot con Facebook Messenger o un'applicazione per la creazione di sondaggi con il chatbot.

Offri servizi di marketing: se sei esperto in marketing digitale, puoi offrire servizi di marketing ai clienti che utilizzano chatbot. Puoi utilizzare il chatbot per creare campagne di marketing automatizzate, inviare messaggi personalizzati agli utenti e migliorare la fidelizzazione dei clienti.

Monetizzare i dati raccolti dai chatbot è un'attività delicata e dipende dalle normative sulla privacy e sulla protezione dei dati personali del tuo paese. Prima di considerare qualsiasi forma di monetizzazione dei dati, è importante assicurarsi di aver ottenuto il consenso degli utenti per la raccolta, l'elaborazione e l'utilizzo dei dati personali.

Detto ciò, ecco alcune opzioni per monetizzare i dati raccolti dai chatbot:

Vendita di dati aggregati: se hai raccolto una grande quantità di dati, puoi vendere i dati aggregati a terzi, come società di ricerca di mercato o pubblicitarie. I dati aggregati non includono informazioni personali identificabili, ma piuttosto informazioni anonime e statistiche aggregate.

Offerta di servizi personalizzati: utilizzando i dati raccolti dal chatbot, puoi offrire servizi personalizzati agli utenti, come raccomandazioni di prodotti o servizi basati sui loro interessi e comportamenti. Questi servizi possono essere offerti a pagamento o come parte di un pacchetto di servizi più ampio.

Creazione di modelli di apprendimento automatico: utilizzando i dati raccolti dal chatbot, puoi creare modelli di apprendimento automatico per migliorare l'efficacia del chatbot. I modelli di apprendimento automatico possono essere venduti a terzi che vogliono utilizzare questi strumenti per migliorare l'efficacia dei loro chatbot o di altri prodotti basati sull'intelligenza artificiale.

Offerta di pubblicità mirata: utilizzando i dati raccolti dal chatbot, puoi offrire pubblicità mirata agli utenti. Questo può essere fatto in modo discreto, utilizzando i dati degli utenti per offrire annunci pertinenti e rilevanti, piuttosto che inviare pubblicità invadente o fastidiosa.

Sviluppo di prodotti basati sui dati: utilizzando i dati raccolti dal chatbot, puoi sviluppare nuovi prodotti o servizi basati sui bisogni e sui desideri degli utenti. Ad esempio, puoi sviluppare un nuovo prodotto basato sulle informazioni raccolte dalle conversazioni del chatbot, creando un nuovo mercato o soddisfacendo una necessità esistente.

Le normative sulla privacy e sulla protezione dei dati personali variano in base al paese e alla regione in cui operi. Tuttavia, ci sono alcune leggi e regolamenti internazionali che dovresti conoscere se vuoi monetizzare i dati raccolti dai chatbot. Ecco alcune delle principali:

Regolamento generale sulla protezione dei dati (GDPR): il GDPR è un regolamento dell'Unione europea in materia di privacy dei dati personali. Il regolamento impone alle aziende di proteggere i dati personali degli utenti e di richiedere il loro consenso per la raccolta e l'utilizzo dei dati. Se operi in Europa, è importante rispettare il GDPR per evitare sanzioni e multe.

California Consumer Privacy Act (CCPA): il CCPA è una legge della California, negli Stati Uniti, che impone alle aziende di rispettare la privacy dei dati personali degli utenti. La legge richiede alle aziende di fornire agli utenti informazioni sulle categorie di dati personali che raccolgono, l'uso dei dati e la possibilità di negare il consenso alla raccolta dei dati.

Legge sulla protezione dei dati personali del Giappone: la legge sulla protezione dei dati personali del Giappone impone alle aziende di proteggere i dati personali degli utenti e di richiedere il loro consenso per la raccolta e l'utilizzo dei dati. La legge richiede anche alle aziende di fornire agli utenti informazioni sulle categorie di dati personali che raccolgono e l'uso dei dati.

Legge sulla protezione dei dati personali dell'Australia: la legge sulla protezione dei dati personali dell'Australia impone alle aziende di proteggere i dati personali degli utenti e di richiedere il loro consenso per la raccolta e l'utilizzo dei dati. La legge richiede anche alle aziende di fornire agli utenti informazioni sulle categorie di dati personali che raccolgono e l'uso dei dati.

Ottenere il consenso degli utenti per la raccolta e l'utilizzo dei dati personali è un'importante responsabilità per chiunque operi con chatbot, in quanto può influenzare la fiducia degli utenti nell'utilizzo dei tuoi servizi. Ecco alcune linee guida per ottenere il consenso degli utenti per la raccolta e l'utilizzo dei dati personali:

Fornisci informazioni chiare e trasparenti: fornisci agli utenti informazioni chiare e trasparenti sulle categorie di dati personali che raccogli, l'uso dei dati, le modalità di archiviazione e l'eventuale condivisione dei dati con terzi.

Chiedi il consenso esplicito: chiedi agli utenti di fornire il loro consenso esplicito per la raccolta e l'utilizzo dei dati personali. L'uso di caselle di controllo o di pulsanti di accettazione può aiutare a garantire che gli utenti abbiano effettivamente fornito il loro consenso.

Fornisci opzioni di scelta: fornisci agli utenti opzioni di scelta per la raccolta e l'utilizzo dei dati personali. Ad esempio, puoi offrire agli utenti la possibilità di scegliere quali dati personali condividere e per quali scopi.

Rivedi e aggiorna periodicamente il consenso: rivedi e aggiorna periodicamente il consenso degli utenti per la raccolta e l'utilizzo dei dati personali. Assicurati di informare gli utenti di eventuali modifiche alle tue politiche di privacy e di richiedere il loro consenso aggiornato.

Rispetta le normative sulla privacy: rispetta le normative sulla privacy del tuo paese o della tua regione in merito alla raccolta e all'utilizzo dei dati personali. Assicurati di conoscere le leggi e i regolamenti applicabili e di conformarti alle disposizioni.

In sintesi, ottenere il consenso degli utenti per la raccolta e l'utilizzo dei dati personali richiede chiarezza, trasparenza e rispetto per la privacy degli utenti. Fornisci informazioni chiare e trasparenti, chiedi il consenso esplicito, fornisci opzioni di scelta, rivedi e aggiorna periodicamente il consenso e rispetta le normative sulla privacy del tuo paese o della tua regione.

In Italia, la normativa principale in materia di privacy e protezione dei dati personali è il Codice in materia di protezione dei dati personali, noto anche come "Codice della Privacy" o "D.lgs. 196/2003". Tuttavia, a partire dal 25 maggio 2018, il Codice della Privacy è stato sostituito dal Regolamento generale sulla protezione dei dati (GDPR) dell'Unione europea.

Il GDPR è una normativa armonizzata a livello europeo e si applica a tutte le aziende che raccolgono, elaborano o utilizzano dati personali di cittadini europei, indipendentemente dalla loro posizione geografica. Il GDPR ha introdotto nuovi obblighi per le aziende in termini di protezione dei dati personali e ha rafforzato i diritti degli utenti in merito alla raccolta, l'elaborazione e l'utilizzo dei loro dati personali.

In aggiunta al GDPR, in Italia esiste anche il Garante per la protezione dei dati personali, un'autorità indipendente incaricata di garantire la protezione dei dati personali degli utenti e di far rispettare le normative sulla privacy. Il Garante per la protezione dei dati personali è responsabile di fornire orientamenti sulle normative sulla privacy, di vigilare sulla conformità delle aziende alle normative e di applicare sanzioni in caso di violazioni.

Il Regolamento generale sulla protezione dei dati (GDPR) dell'Unione europea ha introdotto una serie di diritti per gli utenti in merito alla raccolta, l'elaborazione e l'utilizzo dei loro dati personali. Ecco una panoramica dei principali diritti degli utenti previsti dal GDPR:

Diritto all'informazione: gli utenti hanno il diritto di essere informati in modo chiaro e trasparente sulle modalità di raccolta, l'elaborazione e l'utilizzo dei loro dati personali.

Diritto di accesso: gli utenti hanno il diritto di accedere ai propri dati personali e di richiedere informazioni su come vengono elaborati e utilizzati.

Diritto di rettifica: gli utenti hanno il diritto di richiedere la correzione dei propri dati personali in caso di inesattezze o incompletezze.

Diritto alla cancellazione (o "diritto all'oblio"): gli utenti hanno il diritto di richiedere la cancellazione dei propri dati personali in determinate circostanze, ad esempio se i dati non sono più necessari per gli scopi per cui sono stati raccolti.

Diritto di limitazione del trattamento: gli utenti hanno il diritto di richiedere la limitazione del trattamento dei propri dati personali in determinate circostanze, ad esempio se contestano l'esattezza dei dati.

Diritto alla portabilità dei dati: gli utenti hanno il diritto di richiedere la trasferibilità dei propri dati personali a un'altra azienda in un formato strutturato e leggibile da un computer.

Diritto di opposizione: gli utenti hanno il diritto di opporsi al trattamento dei propri dati personali per motivi legittimi, ad esempio per scopi di marketing diretto.

Inoltre, il GDPR richiede alle aziende di informare gli utenti in modo chiaro e trasparente sui loro diritti in merito alla protezione dei dati personali e di rispettare tali diritti. Le aziende devono fornire procedure per la richiesta di tali diritti e rispondere alle richieste degli utenti entro un periodo di tempo limitato.

In sintesi, il GDPR ha introdotto una serie di diritti per gli utenti in merito alla raccolta, l'elaborazione e l'utilizzo dei loro dati personali. Gli utenti hanno il diritto di essere informati in modo chiaro e trasparente sui dati personali che vengono raccolti, corretti e cancellati, di limitare il trattamento dei loro dati personali e di ottenere i propri dati personali in un formato strutturato e trasferibile. Le aziende devono rispettare tali diritti e fornire procedure per la richiesta di tali diritti.

Il Regolamento generale sulla protezione dei dati (GDPR) dell'Unione europea prevede sanzioni significative per le aziende che non rispettano le norme sulla privacy e la protezione dei dati personali. Le sanzioni possono essere amministrative o penali e dipendono dalla gravità della violazione. Ecco una panoramica delle sanzioni previste dal GDPR:

Sanzioni amministrative: le sanzioni amministrative possono essere elevate fino a un massimo del 4% del fatturato annuo dell'azienda o fino a 20 milioni di euro, a seconda di quale di queste cifre è maggiore. Le sanzioni amministrative possono essere comminate in caso di violazioni delle norme sulla privacy e la protezione dei dati personali, ad esempio la mancata ottenzione del consenso degli utenti per la raccolta e l'utilizzo dei dati personali o la mancata notifica di una violazione dei dati personali.

Sanzioni penali: le sanzioni penali possono essere comminate in caso di violazioni gravi delle norme sulla privacy e la protezione dei dati personali. Le sanzioni penali possono essere elevate fino a un massimo di 2 anni di reclusione per i responsabili dell'azienda o i responsabili del trattamento dei dati personali.

Inoltre, il GDPR prevede che gli utenti possano richiedere il risarcimento del danno subito a seguito di una violazione delle norme sulla privacy e la protezione dei dati personali. Le aziende che non rispettano il GDPR possono quindi essere soggette a richieste di risarcimento danni da parte degli utenti.

Per evitare sanzioni derivanti dalla violazione del Regolamento generale sulla protezione dei dati (GDPR) dell'Unione europea, le aziende possono intraprendere una serie di azioni. Ecco alcune delle principali azioni che le aziende possono intraprendere:

Adottare una politica di privacy chiara e trasparente: le aziende dovrebbero adottare una politica di privacy chiara e trasparente che descriva in modo dettagliato le modalità di raccolta, l'elaborazione e l'utilizzo dei dati personali degli utenti. La politica di privacy dovrebbe essere facilmente accessibile e comprensibile.

Ottenere il consenso esplicito degli utenti: le aziende dovrebbero ottenere il consenso esplicito degli utenti per la raccolta, l'elaborazione e l'utilizzo dei loro dati personali. Il consenso dovrebbe essere ottenuto in modo chiaro e trasparente e dovrebbe essere documentato.

Implementare misure di sicurezza adeguate: le aziende dovrebbero implementare misure di sicurezza adeguate per proteggere i dati personali degli utenti. Queste misure dovrebbero includere controlli di accesso, crittografia, backup regolari e monitoraggio costante del sistema.

Designare un responsabile della protezione dei dati: le aziende dovrebbero designare un responsabile della protezione dei dati (DPO) che sia responsabile della protezione dei dati personali degli utenti e della conformità alle normative sulla privacy. Il DPO dovrebbe essere un esperto in materia di privacy e protezione dei dati personali.

Formare il personale: le aziende dovrebbero fornire formazione regolare al personale sulle normative sulla privacy e la protezione dei dati personali. Il personale dovrebbe essere consapevole delle norme sulla privacy e delle responsabilità dell'azienda in materia di protezione dei dati personali.

Rispettare i diritti degli utenti: le aziende dovrebbero rispettare i diritti degli utenti in merito alla raccolta, l'elaborazione e l'utilizzo dei loro dati personali. Gli utenti dovrebbero essere informati dei loro diritti e le richieste degli utenti dovrebbero essere gestite in modo tempestivo e professionale.

posso suggerirti che se vuoi guadagnare online ci sono molte possibilità, come ad esempio:

Lavorare come freelancer: puoi offrire i tuoi servizi online come freelance in vari settori, come la scrittura, la programmazione, il design, il marketing o la traduzione. Ci sono piattaforme online come Upwork, Freelancer o Fiverr che ti permettono di trovare lavoro come freelance.

Creare un blog o un canale YouTube: puoi creare un blog o un canale YouTube su un argomento di tuo interesse e monetizzarlo tramite pubblicità, sponsorizzazioni o vendita di prodotti/servizi correlati.

Partecipare a sondaggi online: alcune aziende offrono la possibilità di partecipare a sondaggi online e guadagnare denaro o punti che possono essere convertiti in denaro.

Vendere prodotti online: puoi vendere prodotti online su piattaforme come Amazon, eBay o Etsy.

Investire in criptovalute: puoi investire in criptovalute come Bitcoin, Ethereum o Litecoin, ma è importante ricordare che gli investimenti comportano sempre un certo rischio.

Lavorare come freelancer è un'opzione molto popolare per guadagnare online. In pratica, i freelancer sono professionisti che offrono i propri servizi in modo indipendente, senza essere legati a un'azienda o a un datore di lavoro. I freelancer possono lavorare in vari settori, come la scrittura, la programmazione, il design, il marketing o la traduzione.

Ecco i passi principali per diventare un freelancer:

Identifica la tua area di competenza: il primo passo per diventare un freelancer è identificare la tua area di competenza. Chiediti in quale campo hai competenze e conoscenze specifiche e in cui ti senti più a tuo agio. Ad esempio, se sei bravo con la scrittura, puoi offrire i tuoi servizi come copywriter o content writer.

Creare un profilo online: una volta identificata la tua area di competenza, devi creare un profilo online su una piattaforma di freelance come Upwork, Freelancer o Fiverr. Il profilo dovrebbe includere una descrizione accurata delle tue competenze, esperienze e formazione, nonché esempi di lavori precedenti.

Trova lavori: una volta creato il tuo profilo, puoi cercare lavori che corrispondono alle tue competenze. Le piattaforme di freelance offrono una vasta gamma di lavori in vari settori, da progetti a breve termine a lavori a lungo termine.

Fissa il prezzo e la tariffa: una volta trovato il lavoro, devi definire il prezzo e la tariffa per il tuo lavoro. Puoi scegliere di addebitare un prezzo fisso per il lavoro o di addebitare un'ora lavorativa. Il prezzo dovrebbe essere equo e competitivo rispetto agli altri freelancer in campo.

Lavora sodo: una volta che hai ottenuto il lavoro, lavora sodo per completarlo entro i tempi stabiliti e con la massima qualità possibile. La tua reputazione come freelancer dipende dalla qualità del lavoro che fornisci.

In sintesi, lavorare come freelancer è un'opzione popolare per guadagnare online. Puoi diventare un freelancer identificando la tua area di competenza, creando un profilo online, trovando lavori, fissando il prezzo e la tariffa e lavorando sodo per completare il lavoro in modo professionale e di qualità.

ecco alcune delle piattaforme di freelance più popolari:

Upwork: Upwork è una delle piattaforme di freelance più grandi al mondo, con oltre 12 milioni di freelancer registrati e 5 milioni di clienti attivi.

Upwork offre lavori in vari settori, tra cui scrittura, programmazione, design, marketing e traduzione.

Freelancer: Freelancer è un'altra piattaforma di freelance molto popolare con oltre 50 milioni di utenti registrati in tutto il mondo. Freelancer offre lavori in vari settori, tra cui scrittura, programmazione, design, marketing e traduzione.

Fiverr: Fiverr è una piattaforma di freelance specializzata in lavori a breve termine, con un prezzo di base di 5 dollari per lavoro. Fiverr offre lavori in vari settori, tra cui scrittura, programmazione, design e marketing.

Guru: Guru è una piattaforma di freelance che offre lavori in vari settori, tra cui scrittura, programmazione, design, marketing e traduzione. Guru ha oltre 3 milioni di membri registrati in tutto il mondo.

PeoplePerHour: PeoplePerHour è una piattaforma di freelance con sede nel Regno Unito che offre lavori in vari settori, tra cui scrittura, programmazione, design e marketing. PeoplePerHour è stata fondata nel 2007 e ha oltre 2,5 milioni di membri registrati in tutto il mondo.

Toptal: Toptal è una piattaforma di freelance specializzata in lavori di programmazione, design e sviluppo. Toptal seleziona solo i migliori professionisti del settore, offrendo ai clienti solo i migliori talenti del settore.

ecco una breve guida su come registrarsi su alcune delle principali piattaforme di freelance:

Upwork:

Per registrarsi su Upwork, è necessario visitare il sito web di Upwork e fare clic sul pulsante "Registrati". Successivamente, devi inserire il tuo nome, indirizzo e-mail e una password. Dovrai quindi compilare il tuo profilo e fornire dettagli sulla tua esperienza lavorativa e le tue competenze. Dopo aver completato il tuo profilo, puoi iniziare a cercare lavori e inviare proposte ai clienti.

Freelancer:

Per registrarsi su Freelancer, devi visitare il sito web di Freelancer e fare clic sul pulsante "Registrati". Successivamente, devi inserire il tuo nome, indirizzo e-mail e una password. Dovrai poi completare il tuo profilo e fornire dettagli sulla tua esperienza lavorativa e le tue competenze. Dopo aver completato il tuo profilo, puoi iniziare a cercare lavori e inviare proposte ai clienti.

Fiverr:

Per registrarsi su Fiverr, devi visitare il sito web di Fiverr e fare clic sul pulsante "Registrati". Successivamente, devi inserire il tuo nome, indirizzo e-mail e una password. Dovrai poi completare il tuo profilo e fornire dettagli sulla tua esperienza lavorativa e le tue competenze. Dopo aver completato il tuo profilo, puoi creare i tuoi "gigs" (servizi che offri) e iniziare a cercare clienti.

Guru:

Per registrarsi su Guru, devi visitare il sito web di Guru e fare clic sul pulsante "Registrati". Successivamente, devi inserire il tuo nome, indirizzo e-mail e una password. Dovrai poi completare il tuo profilo e fornire dettagli sulla tua esperienza lavorativa e le tue competenze. Dopo aver completato il tuo profilo, puoi iniziare a cercare lavori e inviare proposte ai clienti.

PeoplePerHour:

Per registrarsi su PeoplePerHour, devi visitare il sito web di PeoplePerHour e fare clic sul pulsante "Registrati". Successivamente, devi inserire il tuo nome, indirizzo e-mail e una password. Dovrai poi completare il tuo profilo e fornire dettagli sulla tua esperienza lavorativa e le tue competenze. Dopo aver completato il tuo profilo, puoi iniziare a cercare lavori e inviare proposte ai clienti.

Toptal:

Per registrarsi su Toptal, devi visitare il sito web di Toptal e fare clic sul pulsante "Registrati come Freelance". Successivamente, devi inserire il tuo nome, indirizzo e-mail e una password. Dovrai poi completare il tuo profilo e fornire dettagli sulla tua esperienza lavorativa e le tue competenze. Dopo aver completato il tuo profilo, Toptal valuterà la tua candidatura e, se selezionato, ti metterà in contatto con i clienti.

ci sono molte altre piattaforme di freelance che potresti considerare. Ecco alcune altre opzioni:

99designs: 99designs è una piattaforma specializzata in design grafico, che offre lavori come progettazione di loghi, progettazione di siti web, progettazione di packaging e molto altro ancora.

SimplyHired: SimplyHired è una piattaforma di ricerca lavoro globale che consente ai freelance di trovare lavori in vari settori, inclusi scrittura, programmazione, design e marketing.

Topcoder: Topcoder è una piattaforma specializzata in sviluppo di software e design, che offre lavori come sviluppo di app, progettazione di siti web e molto altro ancora.

Bark: Bark è una piattaforma di freelance che consente ai freelance di trovare lavori in vari settori, inclusi scrittura, programmazione, design e marketing.

TaskRabbit: TaskRabbit è una piattaforma di freelance specializzata in lavori di manutenzione domestica, come pulizia, giardinaggio e riparazioni.

Hirable: Hirable è una piattaforma di freelance che offre lavori in vari settori, inclusi scrittura, programmazione, design e marketing, ma anche lavori in campo legale, medico e finanziario.

Workana: Workana è una piattaforma di freelance che offre lavori in vari settori, inclusi scrittura, programmazione, design e marketing, con una forte presenza in America Latina.

ecco alcune piattaforme di freelance che offrono lavori in settori specifici:

TranslatorsCafe: TranslatorsCafe è una piattaforma specializzata in traduzione, che offre lavori di traduzione in diversi settori, tra cui legale, medico, tecnico e commerciale.

ProZ: ProZ è un'altra piattaforma specializzata in traduzione, che offre lavori di traduzione in vari settori, tra cui legale, medico, tecnico e commerciale.

Shutterstock: Shutterstock è una piattaforma specializzata in fotografia e video, che consente ai fotografi e ai videomaker di vendere le proprie immagini e video a clienti in tutto il mondo.

Getty Images: Getty Images è un'altra piattaforma specializzata in fotografia e video, che consente ai fotografi e ai videomaker di vendere le proprie immagini e video a clienti in tutto il mondo.

Voices.com: Voices.com è una piattaforma specializzata in doppiaggio e voice over, che consente ai doppiatori e ai voice over artist di trovare lavori in vari settori, tra cui pubblicità, film, animazione e giochi.

ArtStation: ArtStation è una piattaforma specializzata in arte digitale, che consente agli artisti digitali di vendere le proprie opere d'arte e trovare lavori come concept artist, character designer e illustratore.

Musicbed: Musicbed è una piattaforma specializzata in musica per la produzione video, che consente ai musicisti di vendere le proprie musiche e trovare lavori come compositori e produttori musicali.

Ricorda che ogni piattaforma ha le proprie politiche, requisiti e procedure di registrazione, quindi è importante leggere attentamente le istruzioni e fornire informazioni accurate e veritiere per massimizzare le tue possibilità di trovare lavoro.

in molte piattaforme di freelance è possibile trovare lavori anche se non si ha esperienza professionale, tuttavia, la maggior parte dei clienti preferisce assumere freelancer che abbiano almeno un po' di esperienza nel settore in cui stanno cercando lavoratori.

Se non hai esperienza professionale, potresti considerare di cercare lavori che richiedono competenze di base o di iniziare con lavori a basso costo per acquisire esperienza e costruire il tuo portfolio. In alcune piattaforme di freelance, come Fiverr, ci sono anche lavori a basso costo, come progetti di scrittura o design grafico semplici, che possono essere un buon punto di partenza per i freelancer alle prime armi.

Inoltre, potresti considerare di partecipare a corsi online gratuiti o a basso costo per acquisire nuove competenze e migliorare le tue conoscenze. Ci sono molte risorse online disponibili per il miglioramento delle competenze, come tutorial video, corsi online e tutorial gratuiti.

In generale, è importante essere trasparenti sulla propria esperienza e competenze quando si cerca lavoro come freelance e di fornire un portfolio accurato e veritiero per dimostrare le proprie abilità. Con il tempo e l'esperienza, potrai aumentare la tua reputazione e la tua visibilità sulle piattaforme di freelance e accedere a lavori più remunerativi.

creare un blog o un canale YouTube può essere un'opzione per guadagnare denaro online. Ecco alcuni passaggi che puoi seguire per creare un blog o un canale YouTube:

Scegli l'argomento del tuo blog o del tuo canale YouTube. È importante scegliere un argomento che ti appassioni e che sia in grado di attirare un pubblico.

Crea il tuo blog o il tuo canale YouTube. Puoi utilizzare piattaforme come WordPress per creare un blog o YouTube per creare un canale.

Crea contenuti di alta qualità. Sia che tu stia scrivendo post sul blog o creando video su YouTube, è importante creare contenuti di alta qualità che siano informativi, utili e interessanti per il pubblico.

Promuovi il tuo blog o il tuo canale YouTube. Puoi promuovere il tuo blog o il tuo canale attraverso i social media, i forum online e altri canali di marketing.

Monetizza il tuo blog o il tuo canale YouTube. Puoi monetizzare il tuo blog o il tuo canale YouTube attraverso la pubblicità, le sponsorizzazioni o la vendita di prodotti/servizi correlati.

Continua a creare contenuti di alta qualità e ad interagire con il tuo pubblico per aumentare la visibilità e la popolarità del tuo blog o del tuo canale YouTube.

Ricorda che la creazione di un blog o di un canale YouTube richiede tempo e impegno, ma può essere una fonte gratificante di reddito passivo una volta che hai costruito una base di pubblico fedele.

Ci sono molti modi per promuovere il tuo blog o il tuo canale YouTube e aumentare la visibilità e l'engagement del tuo pubblico. Ecco alcuni suggerimenti:

Utilizza i social media: promuovi i tuoi contenuti sui social media come Facebook, Twitter, Instagram, LinkedIn e altri. Puoi condividere i tuoi post o i tuoi video sui social media e utilizzare hashtag pertinenti per raggiungere un pubblico più ampio.

Crea una newsletter: crea una newsletter per i tuoi lettori o i tuoi spettatori per tenere il tuo pubblico informato sui nuovi contenuti e altre novità.

Collabora con altri blogger o YouTuber: cerca altri blogger o YouTuber che trattano argomenti simili ai tuoi e collabora con loro per creare contenuti congiunti o promuoversi reciprocamente.

Utilizza la SEO: assicurati che il tuo blog o il tuo canale YouTube sia ottimizzato per i motori di ricerca, utilizzando parole chiave pertinenti, meta descrizioni e titoli accattivanti.

Partecipa alle community online: partecipa a community online come forum di discussione, gruppi di Facebook o subreddit pertinenti per il tuo argomento e promuovi i tuoi contenuti.

Offri contenuti gratuiti: offri contenuti gratuiti come guide, ebook o risorse utili per il tuo pubblico e promuovili attraverso i social media o altri canali di marketing.

Partecipa a eventi e conferenze: partecipa a eventi e conferenze pertinenti per il tuo argomento e promuovi il tuo blog o il tuo canale YouTube attraverso il networking e la promozione diretta.

Ricorda che la promozione del tuo blog o del tuo canale YouTube richiede tempo e impegno costante, ma può aiutarti a raggiungere un pubblico più ampio e a costruire la tua reputazione come blogger o YouTuber.

ecco alcuni suggerimenti per ottimizzare il tuo blog o il tuo canale YouTube per i motori di ricerca:

Utilizza parole chiave pertinenti: utilizza parole chiave pertinenti nel titolo del tuo blog o del tuo video, nella descrizione e nei tag. Utilizza strumenti come Google Keyword Planner o Ubersuggest per trovare parole chiave pertinenti per il tuo argomento.

Crea contenuti di alta qualità: crea contenuti di alta qualità che siano informativi, utili e interessanti per il tuo pubblico. I motori di ricerca premiano i contenuti di alta qualità con un posizionamento migliore nei risultati di ricerca.

Utilizza meta descrizioni e tag appropriati: utilizza meta descrizioni e tag appropriati per i tuoi post o i tuoi video. Le meta descrizioni e i tag forniscono informazioni utili ai motori di ricerca sui contenuti del tuo blog o del tuo canale YouTube.

Crea un URL semplice e chiaro: crea un URL semplice e chiaro per il tuo blog o il tuo canale YouTube. Un URL semplice e chiaro aiuta i motori di ricerca a identificare il tuo blog o il tuo canale YouTube in modo più efficace.

Utilizza immagini e video di alta qualità: utilizza immagini e video di alta qualità per i tuoi post o i tuoi video. Le immagini e i video di alta qualità migliorano l'esperienza dell'utente e possono aiutare a migliorare il posizionamento nei risultati di ricerca.

Promuovi il tuo blog o il tuo canale YouTube su altri siti web: promuovi il tuo blog o il tuo canale YouTube su altri siti web pertinenti per il tuo argomento. Ciò può aiutare a migliorare l'autorità del tuo sito web o del tuo canale YouTube agli occhi dei motori di ricerca.

Ottimizza la velocità di caricamento del tuo sito o del tuo canale YouTube: ottimizza la velocità di caricamento del tuo sito o del tuo canale YouTube. I siti web o i canali YouTube con un caricamento lento possono essere penalizzati dai motori di ricerca.

Utilizza un design responsivo: utilizza un design responsivo per il tuo sito web o il tuo canale YouTube. Un design responsivo consente al tuo sito web o al tuo canale YouTube di adattarsi a diverse dimensioni di schermo, migliorando l'esperienza dell'utente e il posizionamento nei risultati di ricerca.

Utilizza link interni ed esterni: utilizza link interni ed esterni nei tuoi post o nei tuoi video. I link interni migliorano la navigazione del sito web o del canale YouTube, mentre i link esterni possono aumentare l'autorità del sito web o del canale YouTube agli occhi dei motori di ricerca.

Crea un sitemap: crea un sitemap per il tuo sito web o il tuo canale YouTube e invialo ai motori di ricerca. Un sitemap fornisce un elenco di tutte le pagine del tuo sito web o del tuo canale YouTube, aiutando i motori di ricerca a identificare i contenuti del tuo sito web o del tuo canale YouTube in modo più efficace.

Utilizza i social media: utilizza i social media per promuovere il tuo blog o il tuo canale YouTube. I social media possono aiutare a generare traffico verso il tuo sito web o il tuo canale YouTube, migliorando il posizionamento nei risultati di ricerca.

Crea contenuti evergreen: crea contenuti evergreen, ovvero contenuti che rimangono rilevanti nel tempo. I contenuti evergreen possono attirare traffico costante al tuo sito web o al tuo canale YouTube nel corso del tempo.

Utilizza i dati strutturati: utilizza i dati strutturati per fornire informazioni dettagliate sui tuoi contenuti ai motori di ricerca. I dati strutturati possono migliorare il posizionamento nei risultati di ricerca e aiutare a generare clic più qualificati.

Fai attenzione alle penalizzazioni dei motori di ricerca: fai attenzione alle penalizzazioni dei motori di ricerca come il contenuto duplicato, la creazione di link artificiosi, la scrittura di contenuti di bassa qualità o l'utilizzo di tecniche di spam. Tali penalizzazioni possono danneggiare il posizionamento del tuo sito web o del tuo canale YouTube nei risultati di ricerca.

Dopo aver creato il tuo profilo su una piattaforma di freelance, potrai accedere alla sezione "cerca lavoro" o "trova lavoro". In questa sezione, avrai la possibilità di cercare lavori che corrispondono alle tue competenze.

Le piattaforme di freelance offrono una vasta gamma di lavori in vari settori, tra cui:

Scrittura e traduzione: questo settore include lavori come la scrittura di articoli, la creazione di contenuti per il web, la traduzione di testi, la correzione di bozze, la scrittura di curriculum, la scrittura di discorsi e molto altro.

Design e sviluppo: questo settore include lavori come la creazione di siti web, la programmazione di siti web, la progettazione di grafica, la creazione di loghi, la modifica di immagini e molto altro.

Marketing e pubblicità: questo settore include lavori come la gestione di campagne pubblicitarie, la creazione di contenuti per i social media, la gestione dei social media, la scrittura di email di marketing, la creazione di pubblicità e molto altro.

Amministrazione e supporto: questo settore include lavori come la gestione di email, la gestione di calendari, la gestione di file, la gestione di database, il supporto tecnico e molto altro.

Servizi professionali: questo settore include lavori come la consulenza, la contabilità, la gestione delle risorse umane, la gestione del progetto e molto altro.

Una volta trovati i lavori che corrispondono alle tue competenze, potrai candidarti per il lavoro fornendo una proposta dettagliata che spiega come intendi gestire il lavoro e le tue tariffe. Ricorda che la concorrenza può essere alta per alcuni lavori, quindi è importante presentare una proposta di alta qualità che mostri la tua esperienza e le tue competenze.

Ecco alcuni ulteriori dettagli sulla ricerca di lavori su piattaforme di freelance:

Filtra i risultati di ricerca: la maggior parte delle piattaforme di freelance ti consentono di filtrare i risultati di ricerca in base alla categoria, al tipo di lavoro, al budget e ad altri criteri. Utilizza questi filtri per trovare i lavori più pertinenti per le tue competenze.

Leggi attentamente la descrizione del lavoro: prima di candidarti per un lavoro, leggi attentamente la descrizione del lavoro e assicurati di comprendere appieno le esigenze del cliente. In questo modo, sarai in grado di presentare una proposta di alta qualità che soddisfi le esigenze del cliente.

Controlla le recensioni del cliente: molte piattaforme di freelance consentono ai clienti di lasciare recensioni sui lavoratori. Controlla le recensioni dei clienti per avere un'idea della loro esperienza lavorando con il professionista. Ciò ti aiuterà a valutare se il cliente è affidabile e se vale la pena candidarti per il lavoro.

Presenta una proposta di alta qualità: quando ti candidi per un lavoro, presenta una proposta di alta qualità che mostri la tua esperienza e le tue competenze. Assicurati di fornire informazioni dettagliate sul tuo approccio al lavoro, sulle tue tariffe e sulla tua esperienza nella materia.

Mantieni la comunicazione con il cliente: una volta che hai ottenuto il lavoro, è importante mantenere una comunicazione regolare con il cliente per assicurarti di soddisfare le sue esigenze. Rispondi tempestivamente alle sue domande e invia aggiornamenti regolari sullo stato del lavoro.

Mantieni una buona reputazione: per avere successo come freelance, è importante mantenere una buona reputazione. Completa i lavori in modo tempestivo e di alta qualità, rispetta le scadenze e comunica chiaramente con i clienti. Ciò ti aiuterà a ottenere recensioni positive e a ottenere lavori futuri.

ecco alcuni suggerimenti per costruire un portfolio solido come freelance:

Scegli i tuoi migliori lavori: seleziona i tuoi lavori migliori per il tuo portfolio. Scegli i progetti che dimostrano la tua abilità e le tue competenze in modo chiaro e convincente.

Mostra la tua varietà: assicurati di includere una varietà di lavori nel tuo portfolio per dimostrare la tua versatilità. Includi anche progetti che dimostrano la tua capacità di adattarti ai diversi stili e alle esigenze dei clienti.

Descrivi i tuoi progetti: descrivi i tuoi progetti nel tuo portfolio in modo dettagliato. Spiega il tuo ruolo nel progetto, le sfide che hai affrontato e come hai risolto eventuali problemi. Questo dimostra la tua competenza e la tua capacità di gestire i progetti.

Utilizza i media visivi: utilizza i media visivi come immagini, video e grafici per mostrare i tuoi progetti nel modo più convincente possibile. Includi screenshot del lavoro che hai fatto, video di presentazioni o di demo e altri elementi visivi che possono aiutare a far risaltare il tuo lavoro.

Mostra i risultati: dimostra i risultati che hai ottenuto con i tuoi progetti. Ad esempio, se hai creato una campagna pubblicitaria di successo, includi i risultati che hai ottenuto come aumento delle vendite o del traffico sul sito web.

Aggiorna regolarmente il tuo portfolio: assicurati di aggiornare regolarmente il tuo portfolio con i tuoi nuovi lavori. In questo modo, i potenziali clienti potranno vedere che sei attivo e che hai continuamente nuovi progetti in corso.

Chiedi feedback ai clienti: chiedi feedback ai tuoi clienti sui tuoi progetti e utilizza questo feedback per migliorare continuamente il tuo lavoro. Includi anche il feedback positivo ottenuto nei tuoi progetti per dimostrare la tua capacità di soddisfare le esigenze dei clienti.

Un portfolio solido e ben curato può aiutare a dimostrare la tua esperienza e le tue competenze come freelance, e può aiutarti a ottenere lavori futuri.

Mostra la tua personalità: il tuo portfolio non dovrebbe essere solo una raccolta di lavori, ma dovrebbe anche mostrare la tua personalità e il tuo stile. Ad esempio, potresti includere una breve descrizione di te stesso e della tua esperienza, o aggiungere un tocco personale alle tue descrizioni dei progetti.

Organizza il tuo portfolio: organizza il tuo portfolio in modo logico e facile da navigare. Ad esempio, potresti organizzare i tuoi progetti in base alla categoria, alla data, al cliente o al tipo di lavoro.

Crea una versione online: crea una versione online del tuo portfolio che sia facile da condividere con i potenziali clienti. Puoi utilizzare piattaforme come Behance, Dribbble o LinkedIn per creare un portfolio online.

Fai attenzione alla qualità: fai attenzione alla qualità del tuo portfolio. Assicurati che le immagini siano di alta qualità, che i video siano ben montati e che le descrizioni siano scritte in modo chiaro e corretto.

Mantienilo aggiornato: mantieni il tuo portfolio aggiornato con i tuoi ultimi lavori, le tue competenze e le tue esperienze. In questo modo, il tuo portfolio sarà sempre attuale e mostrerà la tua crescita come professionista.

Personalizza il tuo portfolio per il lavoro: se stai cercando lavoro in un determinato settore o per un determinato tipo di clienti, personalizza il tuo portfolio per soddisfare le loro esigenze. Ad esempio, se stai cercando lavoro come graphic designer per un'azienda di moda, potresti includere progetti che dimostrano la tua esperienza nel design di moda.

Chiedi il parere degli altri: chiedi il parere di amici, colleghi o professionisti del settore sul tuo portfolio. Chiedi loro un feedback onesto e utilizza questo feedback per migliorare il tuo portfolio.

Sii selettivo: seleziona i lavori che includi nel tuo portfolio con cura e attenzione. Scegli quelli che meglio rappresentano le tue competenze e che dimostrano la tua abilità di risolvere problemi e soddisfare le esigenze del cliente.

Aggiungi una sezione "Chi sono": crea una sezione "Chi sono" nel tuo portfolio per presentarti ai potenziali clienti. Includi una breve biografia, le tue competenze e la tua esperienza lavorativa. Questo aiuta i clienti a conoscere meglio te e le tue competenze.

Crea una sezione "Testimonianze": includi una sezione "Testimonianze" nel tuo portfolio in cui i tuoi clienti possono lasciare feedback e recensioni sul tuo lavoro. Ciò può aiutare a dimostrare la tua esperienza e la tua capacità di soddisfare le esigenze dei clienti.

Mostra la tua creatività: mostra la tua creatività e la tua capacità di pensare fuori dagli schemi nel tuo portfolio. Includi progetti che dimostrano la tua capacità di trovare soluzioni creative ai problemi dei clienti.

Utilizza le parole chiave: utilizza le parole chiave nel tuo portfolio per aiutare i potenziali clienti a trovare facilmente il tuo lavoro. Utilizza le parole chiave pertinenti al tuo settore e alle tue competenze.

Fai attenzione al design: fai attenzione al design del tuo portfolio. Assicurati che il design sia professionale, attraente e facile da navigare. Utilizza immagini di alta qualità e un layout pulito e ordinato.

Includi progetti personali: includi progetti personali nel tuo portfolio per dimostrare la tua creatività e la tua passione per il tuo lavoro. Ciò dimostra anche la tua capacità di lavorare in modo autonomo e di trovare soluzioni innovative ai problemi.

Sii autentico: sii autentico e onesto nel tuo portfolio. Non esagerare le tue competenze o i risultati ottenuti. Sii sempre trasparente con i tuoi potenziali clienti e dimostra la tua capacità di lavorare in modo etico e professionale.

Includi progetti di successo: includi progetti di successo nel tuo portfolio. Questi progetti dovrebbero dimostrare la tua capacità di risolvere problemi e soddisfare le esigenze dei clienti in modo efficace.

Dimostra la tua formazione: se hai una formazione o una certificazione specifica, includile nel tuo portfolio. Questo può aiutare a dimostrare la tua competenza nel tuo settore e aumentare la tua credibilità come professionista.

Mostra la tua evoluzione: mostra la tua evoluzione come professionista nel tuo portfolio. Includi i tuoi primi lavori e i tuoi progetti più recenti per dimostrare la tua crescita e la tua capacità di migliorare continuamente.

Fai attenzione alla presentazione: fai attenzione alla presentazione del tuo portfolio. Assicurati che sia facile da navigare e che i progetti siano organizzati in modo logico. Utilizza immagini di alta qualità e descrizioni dettagliate per far risaltare il tuo lavoro.

Includi una sezione "Processo di lavoro": includi una sezione "Processo di lavoro" nel tuo portfolio in cui spieghi il tuo approccio al lavoro e il processo che segui per portare a termine i progetti. Ciò dimostra la tua professionalità e la tua capacità di gestire i progetti in modo efficace.

Mostra la tua personalità: mostra la tua personalità nel tuo portfolio. Includi elementi che mostrano la tua creatività, il tuo senso dell'umorismo o la tua passione per il tuo lavoro. Questo può aiutare i potenziali clienti a connettersi con te su un livello personale.

Sii specifico: sii specifico nel tuo portfolio. Descrivi esattamente quali sono le tue competenze e come hai risolto i problemi dei tuoi clienti. Ciò dimostra la tua capacità di lavorare in modo mirato e di soddisfare le esigenze dei clienti.

Cura i dettagli: cura ogni dettaglio del tuo portfolio. Assicurati che le immagini siano ben tagliate e che le descrizioni siano scritte in modo chiaro e corretto. Fai attenzione ai dettagli grafici, come la scelta dei colori e dei caratteri, per far risaltare il tuo lavoro.

Includi progetti diversi: includi progetti diversi nel tuo portfolio per dimostrare la tua versatilità. Ad esempio, se sei un grafico, potresti includere progetti di branding, design di siti web e design di packaging.

Fai attenzione alla tipografia: fai attenzione alla scelta dei caratteri nel tuo portfolio. Utilizza font leggibili e professionali per garantire che le descrizioni dei progetti siano facili da leggere.

Utilizza un linguaggio chiaro: utilizza un linguaggio chiaro e semplice nel tuo portfolio. Evita il gergo tecnico e spiega i tuoi progetti in modo che chiunque possa capirli.

Includi progetti di volontariato: se hai fatto del volontariato o hai lavorato su progetti pro bono, includili nel tuo portfolio. Ciò dimostra la tua passione per il tuo lavoro e la tua capacità di utilizzare le tue competenze per aiutare gli altri.

Includi una sezione "Contatti": includi una sezione "Contatti" nel tuo portfolio in cui i potenziali clienti possono trovare il tuo indirizzo email, il tuo numero di telefono e i tuoi profili sui social media. Ciò rende più facile per i potenziali clienti contattarti per discutere di un possibile lavoro.

Includi il tuo portfolio nei tuoi social media: condividi il tuo portfolio nei tuoi profili sui social media come LinkedIn, Twitter o Instagram. Ciò può aiutare a far conoscere il tuo lavoro e a raggiungere un pubblico più ampio.

Includi progetti in corso: se stai lavorando su un progetto in corso, includilo nel tuo portfolio. Ciò dimostra la tua capacità di gestire progetti complessi e la tua attenzione ai dettagli.

Sii coerente: sii coerente nella presentazione del tuo portfolio. Utilizza lo stesso stile grafico per tutti i tuoi progetti e assicurati che il tuo portfolio abbia un aspetto coeso e professionale.

Includi una sezione "Riconoscimenti": se hai ricevuto riconoscimenti o premi per il tuo lavoro, includili nel tuo portfolio. Ciò dimostra la tua esperienza e la tua capacità di produrre lavoro di alta qualità.

Sii aperto alle critiche: sii aperto alle critiche e al feedback sul tuo portfolio. Utilizza il feedback per migliorare il tuo lavoro e per soddisfare sempre meglio le esigenze dei tuoi clienti.

Includi progetti che dimostrano la tua capacità di lavorare in team: se hai lavorato su progetti in cui hai collaborato con altri professionisti o con un team, includili nel tuo portfolio. Ciò dimostra la tua capacità di lavorare in modo collaborativo e di gestire progetti complessi.

Includi progetti che dimostrano la tua conoscenza del tuo settore: includi progetti che dimostrano la tua conoscenza del tuo settore. Ad esempio, se sei un copywriter, potresti includere progetti di content marketing o di creazione di newsletter.

Fai attenzione alla coerenza del tono: fai attenzione alla coerenza del tono nel tuo portfolio. Utilizza lo stesso stile di scrittura per tutte le descrizioni dei progetti e assicurati che il tono sia professionale e coerente.

Includi progetti che dimostrano la tua capacità di risolvere problemi: includi progetti che dimostrano la tua capacità di risolvere problemi. Descrivi il problema che il cliente aveva e come hai trovato una soluzione efficace.

Includi progetti che dimostrano la tua capacità di adattarti: includi progetti che dimostrano la tua capacità di adattarti alle esigenze del cliente. Descrivi come hai cambiato il tuo approccio per soddisfare le esigenze del cliente.

Utilizza la giusta quantità di informazioni: utilizza la giusta quantità di informazioni nel tuo portfolio. Evita di includere troppi dettagli tecnici e descrizioni troppo lunghe. Sii conciso e includi solo le informazioni più importanti.

Includi progetti che dimostrano la tua capacità di gestire il tempo: includi progetti che dimostrano la tua capacità di gestire il tempo. Descrivi come hai pianificato e gestito il progetto in modo efficace.

Includi progetti che dimostrano la tua capacità di comunicare: includi progetti che dimostrano la tua capacità di comunicare in modo efficace. Descrivi come hai comunicato con il cliente durante il progetto e come hai gestito eventuali difficoltà di comunicazione.

Fai attenzione alla privacy dei clienti: fai attenzione alla privacy dei clienti nel tuo portfolio. Non divulgate informazioni riservate sui clienti o sui loro progetti senza il loro permesso.

Sii sempre aggiornato: sii sempre aggiornato sulle nuove tendenze e tecnologie del tuo settore. Mantieni il tuo portfolio aggiornato e includi progetti che dimostrano la tua conoscenza delle ultime tendenze nel tuo settore.

Includi progetti che dimostrano la tua capacità di innovare: includi progetti che dimostrano la tua capacità di innovare. Descrivi come hai usato nuove tecnologie o idee creative per risolvere il problema del cliente.

Includi progetti che dimostrano la tua capacità di gestire il budget: includi progetti che dimostrano la tua capacità di gestire il budget del cliente. Descrivi come hai pianificato e gestito il budget in modo efficace.

Includi progetti che dimostrano la tua capacità di gestire le deadline: includi progetti che dimostrano la tua capacità di gestire le deadline. Descrivi come hai pianificato e gestito il progetto in modo da rispettare le scadenze.

Utilizza una presentazione interattiva: utilizza una presentazione interattiva per il tuo portfolio. Ad esempio, potresti creare un sito web o un documento PDF interattivo che includa video, animazioni o altre funzionalità interattive.

Includi progetti che dimostrano la tua capacità di generare risultati: includi progetti che dimostrano la tua capacità di generare risultati per il cliente.

Descrivi come il tuo lavoro ha aiutato il cliente a raggiungere i loro obiettivi aziendali.

Fai attenzione alla qualità delle immagini: fai attenzione alla qualità delle immagini nel tuo portfolio. Utilizza immagini di alta qualità che mostrino il tuo lavoro in modo efficace.

Includi progetti che dimostrano la tua capacità di creare contenuti: se sei un copywriter o un content creator, includi progetti che dimostrano la tua capacità di creare contenuti. Ad esempio, potresti includere progetti di scrittura di blog, creazione di video o produzione di podcast.

Includi progetti che dimostrano la tua capacità di creare marchi: se sei un grafico o un designer, includi progetti che dimostrano la tua capacità di creare marchi. Descrivi come hai creato un marchio efficace che rappresenta il cliente in modo accurato.

Includi progetti che dimostrano la tua capacità di migliorare i risultati: includi progetti che dimostrano la tua capacità di migliorare i risultati del cliente. Descrivi come hai apportato miglioramenti al lavoro precedente del cliente e come ciò ha portato a risultati migliori.

Sii originale: sii originale nel tuo portfolio. Utilizza un design unico e creativo per far risaltare il tuo lavoro e attirare l'attenzione dei potenziali clienti.

Partecipare a sondaggi online: alcune aziende offrono la possibilità di partecipare a sondaggi online e guadagnare denaro o punti che possono essere convertiti in denaro. Questi sondaggi vengono utilizzati dalle aziende per raccogliere informazioni sui loro prodotti o servizi, sulla loro reputazione e sui loro concorrenti. I partecipanti ai sondaggi vengono selezionati in base ai loro dati demografici e alle loro preferenze, quindi è importante fornire informazioni accurate durante la registrazione. La partecipazione ai sondaggi online non richiede alcuna competenza particolare e può essere un modo facile e veloce per guadagnare qualche soldo extra.

Vendere prodotti online: puoi vendere prodotti online su piattaforme come Amazon, eBay o Etsy. Puoi vendere prodotti fatti a mano, prodotti vintage o nuovi prodotti che hai acquistato e che vuoi rivendere. È importante scegliere i prodotti giusti e impostare prezzi competitivi per attirare i clienti. Inoltre, dovrai gestire le spedizioni e le restituzioni dei prodotti, quindi è importante essere organizzati e affidabili.

Investire in criptovalute: le criptovalute sono valute digitali che utilizzano la crittografia per garantire la sicurezza e la privacy delle transazioni. Puoi investire in criptovalute come Bitcoin, Ethereum o Litecoin acquistandole su una piattaforma di scambio di criptovalute. È importante ricordare che gli investimenti comportano sempre un certo rischio, quindi è importante fare ricerche approfondite prima di investire e consultare un esperto finanziario se necessario. Inoltre, le criptovalute sono soggette a forti fluttuazioni di prezzo, quindi è importante gestire il rischio e non investire più di quanto si possa permettere di perdere.

Per vendere prodotti online, puoi utilizzare piattaforme come Amazon, eBay o Etsy, che ti permettono di raggiungere un vasto pubblico di potenziali acquirenti. Inoltre, puoi creare un tuo sito web di ecommerce per vendere i tuoi prodotti in modo indipendente.

La prima cosa da fare è scegliere il tipo di prodotto che desideri vendere. Puoi vendere prodotti fatti a mano, prodotti vintage o nuovi prodotti che hai acquistato e che vuoi rivendere. È importante scegliere prodotti che siano di interesse per il tuo pubblico di riferimento e che rispondano a una specifica esigenza del mercato. Inoltre, dovrai fare ricerche di mercato per capire quali prodotti sono già presenti sul mercato e come puoi differenziarti.

Una volta scelti i prodotti, è importante impostare prezzi competitivi per attirare i clienti. Dovrai anche gestire le spedizioni e le restituzioni dei prodotti, quindi è importante essere organizzati e affidabili. Puoi utilizzare un servizio di spedizione come USPS, FedEx o UPS per gestire le spedizioni e le consegne dei tuoi prodotti.

Per promuovere i tuoi prodotti online, puoi utilizzare la pubblicità online, i social media e il marketing digitale. Ad esempio, puoi utilizzare la pubblicità su Facebook o Google per raggiungere nuovi clienti, oppure puoi utilizzare il marketing via email per mantenere i clienti esistenti informati sui tuoi prodotti e sulle promozioni.

In generale, la vendita di prodotti online può essere un modo efficace per guadagnare denaro, ma richiede tempo e impegno per gestire le spedizioni, le restituzioni e il marketing dei tuoi prodotti.

Tuttavia, se sei organizzato e hai un prodotto di qualità, puoi creare un'attività di ecommerce di successo.

Una volta deciso il tipo di prodotto che vuoi vendere, è importante creare una descrizione dettagliata e attraente del prodotto. La descrizione dovrebbe includere le caratteristiche e i vantaggi del prodotto, le dimensioni, i materiali utilizzati e le istruzioni per l'uso. Inoltre, dovresti includere immagini di alta qualità del prodotto da diverse angolazioni, in modo che i clienti possano vedere il prodotto in modo dettagliato.

Inoltre, è importante impostare prezzi competitivi per i tuoi prodotti. Dovresti fare ricerche sui prezzi dei prodotti simili sul mercato per determinare un prezzo equo e competitivo. Inoltre, dovresti considerare i costi di produzione, di gestione del magazzino, di spedizione e di marketing per determinare il prezzo finale del prodotto.

Per gestire le spedizioni, puoi utilizzare un servizio di spedizione come USPS, FedEx o UPS. Puoi anche utilizzare un servizio di gestione del magazzino come Fulfillment by Amazon (FBA) di Amazon, che ti permette di immagazzinare i tuoi prodotti nei magazzini di Amazon e di gestire le spedizioni e le restituzioni in modo automatizzato.

Per promuovere i tuoi prodotti online, puoi utilizzare il marketing digitale. Ad esempio, puoi utilizzare la pubblicità su Facebook o Google per raggiungere nuovi clienti, oppure puoi utilizzare il marketing via email per mantenere i clienti esistenti informati sui tuoi prodotti e sulle promozioni. Inoltre, puoi utilizzare i social media per promuovere i tuoi prodotti e interagire con i tuoi clienti.

Infine, è importante fornire un servizio clienti di alta qualità. Dovresti rispondere tempestivamente alle domande dei clienti e gestire le restituzioni in modo professionale. In questo modo, i clienti saranno più propensi a tornare a fare acquisti da te e a raccomandare i tuoi prodotti ad amici e familiari.

Una volta deciso il tipo di prodotto che vuoi vendere, è importante scegliere la piattaforma di ecommerce giusta per la tua attività. Puoi utilizzare piattaforme come Shopify, WooCommerce o Magento per creare il tuo negozio online. Queste piattaforme ti permettono di personalizzare il tuo negozio online, gestire le spedizioni e le restituzioni dei tuoi prodotti, gestire il tuo inventario e utilizzare strumenti di marketing digitale per promuovere i tuoi prodotti.

Per promuovere i tuoi prodotti online, puoi utilizzare il marketing digitale. Ad esempio, puoi utilizzare la pubblicità su Facebook o Google per raggiungere nuovi clienti, oppure puoi utilizzare il marketing via email per mantenere i clienti esistenti informati sui tuoi prodotti e sulle promozioni. Inoltre, puoi utilizzare i social media per promuovere i tuoi prodotti e interagire con i tuoi clienti.

È importante anche gestire le recensioni dei clienti in modo professionale. Dovresti incoraggiare i clienti a lasciare recensioni sui tuoi prodotti, sia positive che negative. In questo modo, puoi utilizzare le recensioni per migliorare i tuoi prodotti e il tuo servizio clienti. Inoltre, le recensioni positive possono essere utilizzate come strumento di marketing per attirare nuovi clienti.

Anche il servizio clienti è un aspetto importante della vendita di prodotti online. Dovresti rispondere tempestivamente alle domande dei clienti e gestire le restituzioni in modo professionale. In questo modo, i clienti saranno più propensi a tornare a fare acquisti da te e a raccomandare i tuoi prodotti ad amici e familiari.

Infine, dovresti monitorare costantemente le metriche di vendita e le analisi del traffico del tuo sito web per capire come puoi migliorare la tua attività di ecommerce. Ad esempio, puoi utilizzare strumenti di analisi come Google Analytics per monitorare il traffico del tuo sito web, le conversioni e le metriche di vendita.

Per gestire le spedizioni dei tuoi prodotti, puoi utilizzare un servizio di spedizione come USPS, FedEx o UPS. Inoltre, puoi utilizzare un servizio di gestione del magazzino come Fulfillment by Amazon (FBA) di Amazon, che ti permette di immagazzinare i tuoi prodotti nei magazzini di Amazon e di gestire le spedizioni e le restituzioni in modo automatizzato.

In questo modo, non dovrai preoccuparti della gestione delle spedizioni e potrai concentrarti sulla promozione dei tuoi prodotti.

Per promuovere i tuoi prodotti online, puoi utilizzare il marketing digitale. Ad esempio, puoi utilizzare la pubblicità su Facebook o Google per raggiungere nuovi clienti, oppure puoi utilizzare il marketing via email per mantenere i clienti esistenti informati sui tuoi prodotti e sulle promozioni. Inoltre, puoi utilizzare i social media per promuovere i tuoi prodotti e interagire con i tuoi clienti.

È importante anche fornire un'esperienza di acquisto di alta qualità ai tuoi clienti. Dovresti garantire che il tuo sito web sia facile da navigare e che i prodotti siano presentati in modo chiaro e accattivante. Inoltre, dovresti fornire informazioni dettagliate sui prodotti, come ad esempio le dimensioni, i materiali utilizzati e le istruzioni per l'uso.

Per gestire il servizio clienti, dovresti essere disponibile per rispondere alle domande dei clienti e gestire le restituzioni in modo professionale. In questo modo, i clienti saranno più propensi a tornare a fare acquisti da te e a raccomandare i tuoi prodotti ad amici e familiari.

Mailchimp è una piattaforma di email marketing che ti permette di creare e inviare email ad un vasto pubblico. Offre una serie di funzioni, tra cui la creazione di newsletter, la personalizzazione delle email, l'automazione del marketing e la gestione delle liste di contatti. Oltre alle funzioni di email marketing, Mailchimp ti permette anche di creare pagine di destinazione per promuovere i tuoi prodotti o servizi.

Con Mailchimp puoi creare email personalizzate utilizzando modelli predefiniti e strumenti di design intuitivi. Puoi anche utilizzare l'automazione del marketing per inviare email in base alle azioni dei tuoi contatti, come l'apertura di una email o l'abbandono del carrello. Inoltre, puoi gestire le liste di contatti e segmentare il tuo pubblico per inviare email mirate.

Mailchimp offre anche analisi dettagliate sulle prestazioni delle tue email, come l'apertura, il clic e la conversione. In questo modo, puoi capire meglio l'efficacia delle tue campagne di email marketing e apportare eventuali modifiche necessarie.

Mailchimp offre piani di prezzo diversi in base alle tue esigenze. Offre anche una versione gratuita che ti permette di inviare fino a 10.000 email al mese a un massimo di 2.000 contatti. Tuttavia, se desideri funzioni avanzate come l'automazione del marketing, dovrai passare a un piano a pagamento.

In generale, Mailchimp è un'ottima scelta per le piccole e medie imprese che desiderano utilizzare il potere dell'email marketing per promuovere i loro prodotti o servizi. Offre una vasta gamma di funzioni e piani di prezzo flessibili, che lo rendono adatto a diverse esigenze e budget.

puoi utilizzare Mailchimp per inviare email in diverse lingue. Mailchimp ti permette di creare email personalizzate in diverse lingue utilizzando modelli predefiniti o creando email personalizzate da zero. Inoltre, puoi utilizzare le funzioni di segmentazione per inviare email mirate in base alla lingua preferita dei tuoi contatti.

Per creare email in diverse lingue, puoi utilizzare il blocco di testo multilingua di Mailchimp. Questo strumento ti permette di creare un unico blocco di testo che può essere tradotto in diverse lingue. Quando invii la tua email, Mailchimp invia il testo nella lingua preferita del tuo contatto in base alle impostazioni del loro browser o del loro account Mailchimp.

Inoltre, Mailchimp ti permette di utilizzare il linguaggio della tua scelta quando crei i tuoi modelli di email personalizzati. Puoi anche utilizzare il traduttore integrato di Mailchimp per tradurre il testo della tua email in diverse lingue.

In generale, Mailchimp è uno strumento flessibile che ti permette di creare email personalizzate in diverse lingue, in modo da raggiungere un pubblico internazionale e migliorare l'efficacia delle tue campagne di email marketing.

Mailchimp non offre un supporto nativo per la traduzione di immagini e video. Tuttavia, ci sono alcuni modi in cui puoi tradurre le immagini e i video per le tue campagne di email marketing su Mailchimp.

Per le immagini, puoi utilizzare strumenti di traduzione online per tradurre il testo nell'immagine nella lingua desiderata. Ad esempio, puoi utilizzare Google Translate o altri strumenti di traduzione online per tradurre il testo in un'immagine. Dovrai quindi sostituire il testo originale con il testo tradotto nell'immagine.

Per i video, puoi utilizzare i sottotitoli per aggiungere la traduzione del testo parlato. Puoi utilizzare strumenti di traduzione online per tradurre il testo parlato in un'altra lingua e quindi aggiungere i sottotitoli nella lingua desiderata al tuo video.

In generale, la traduzione delle immagini e dei video richiede un po' di lavoro manuale, ma può essere un modo efficace per raggiungere un pubblico internazionale e migliorare l'efficacia delle tue campagne di email marketing su Mailchimp ci sono diversi strumenti di traduzione online disponibili. Ecco alcuni strumenti di traduzione online che potresti trovare utili:

Google Translate: Google Translate è uno dei servizi di traduzione online più popolari al mondo. Offre la traduzione di testo, documenti, pagine web e anche la traduzione vocale in tempo reale.

DeepL: DeepL è un altro strumento di traduzione online che utilizza un algoritmo avanzato di intelligenza artificiale per offrire traduzioni di alta qualità. Offre anche una funzione di traduzione contestuale che considera il contesto della frase per offrire traduzioni più precise.

Systran: Systran è un altro strumento di traduzione online che offre la traduzione di testo, documenti e pagine web in oltre 140 lingue. Offre anche funzioni di traduzione specializzate per settori specifici come il legale, il medico e il tecnologico.

SDL FreeTranslation: SDL FreeTranslation è uno strumento di traduzione online gratuito che offre la traduzione di testo e pagine web in diverse lingue. Offre anche funzioni avanzate come la traduzione di documenti e la traduzione di testo con caratteri speciali.

in genere non è consigliabile utilizzare strumenti di traduzione online per tradurre documenti ufficiali. Gli strumenti di traduzione automatica possono essere utili per la traduzione di testi generici, ma non sono in grado di garantire la precisione e l'accuratezza richieste per i documenti ufficiali.

Per tradurre documenti ufficiali, è consigliabile affidarsi a un traduttore professionista o a un'agenzia di traduzione. I traduttori professionisti sono in grado di garantire la precisione e l'accuratezza delle traduzioni, utilizzando le tecniche e le competenze necessarie per tradurre documenti ufficiali.

Inoltre, per alcuni documenti ufficiali potrebbe essere richiesto di giurare di fronte a un notaio o a un pubblico ufficiale che la traduzione è accurata e corretta. In questi casi, è importante che la traduzione sia effettuata da un traduttore certificato che sia in grado di fornire una traduzione ufficiale.

In generale, quando si tratta di documenti ufficiali, è importante affidarsi a un professionista per garantire la precisione e l'accuratezza della traduzione. Gli strumenti di traduzione online possono essere utili per la traduzione di testi generici, ma non sono adatti per la traduzione di documenti ufficiali.

ci sono diverse fonti affidabili di informazioni sulle criptovalute. Ecco alcune delle fonti che potresti trovare utili:

CoinDesk: CoinDesk è una delle principali fonti di notizie e informazioni sulle criptovalute. Offre notizie, analisi, ricerche di mercato e guide pratiche sulle criptovalute.

Cointelegraph: Cointelegraph è un'altra fonte di notizie e informazioni sulle criptovalute. Offre notizie, analisi, guide e ricerche di mercato sulle criptovalute.

CryptoSlate: CryptoSlate è una piattaforma di ricerca e informazioni sulle criptovalute. Offre notizie, analisi, ricerche di mercato e strumenti per l'analisi tecnica delle criptovalute.

CryptoCompare: CryptoCompare è una piattaforma di analisi e comparazione delle criptovalute. Offre notizie, ricerche di mercato, analisi tecniche e strumenti per la comparazione delle criptovalute.

CoinMarketCap: CoinMarketCap è una piattaforma di informazioni sulle criptovalute che offre dati in tempo reale sui prezzi, le capitalizzazioni di mercato e altre metriche delle criptovalute.

ecco alcune altre fonti di informazioni sulle criptovalute che potresti trovare utili:

Bitcoin Magazine: Bitcoin Magazine è una delle prime pubblicazioni sulle criptovalute. Offre notizie, analisi, ricerche di mercato e opinioni sulle criptovalute.

The Block: The Block è un'altra fonte di notizie e informazioni sulle criptovalute. Offre notizie, analisi, ricerche di mercato e guide pratiche sulle criptovalute.

Decrypt: Decrypt è un sito di notizie e informazioni sulle criptovalute. Offre notizie, analisi, ricerche di mercato e guide pratiche sulle criptovalute.

Messari: Messari è una piattaforma di ricerca e analisi sulle criptovalute. Offre notizie, ricerche di mercato, analisi tecniche e strumenti per l'analisi delle criptovalute.

Coin Telegraph Markets Pro: Coin Telegraph Markets Pro è una piattaforma di analisi e ricerche di mercato sulle criptovalute. Offre dati in tempo reale, analisi tecniche e strumenti per l'analisi delle criptovalute.

The Block: The Block è una piattaforma di notizie e informazioni sulle criptovalute e sulla blockchain. Offre notizie, analisi, ricerche di mercato e report approfonditi sulle criptovalute.

Decrypt: Decrypt è una piattaforma di notizie e informazioni sulle criptovalute che si concentra sulla privacy e sulla sicurezza. Offre notizie, analisi, ricerche di mercato e guide pratiche sulle criptovalute.

Messari: Messari è una piattaforma di ricerca e informazioni sulle criptovalute. Offre notizie, analisi, ricerche di mercato, report approfonditi e strumenti per l'analisi delle criptovalute.

Bitcoin Magazine: Bitcoin Magazine è una delle prime pubblicazioni sulle criptovalute, fondata nel 2012. Offre notizie, analisi, ricerche di mercato e guide pratiche sulle criptovalute.

Kraken Intelligence: Kraken Intelligence è una piattaforma di ricerca e informazioni sulle criptovalute gestita dall'exchange di criptovalute Kraken. Offre notizie, analisi, ricerche di mercato e report approfonditi sulle criptovalute.

Che cosa sono le criptovalute? Le criptovalute sono valute digitali che utilizzano la crittografia per proteggere e verificare le transazioni e per controllare la creazione di nuove unità. Le criptovalute sono decentralizzate e non sono controllate da un'autorità centrale come una banca centrale.

Come funzionano le criptovalute? Le criptovalute utilizzano una tecnologia chiamata blockchain per registrare e verificare le transazioni. La blockchain è un registro pubblico e immutabile che registra tutte le transazioni di una criptovaluta in modo sicuro e trasparente.

Quali sono le criptovalute più popolari? Le criptovalute più popolari includono Bitcoin, Ethereum, Binance Coin, Cardano, Dogecoin, Ripple e molti altri. Tuttavia, il mercato delle criptovalute è in continua evoluzione ed è possibile che le criptovalute più popolari cambino nel tempo.

Come si acquistano le criptovalute? Le criptovalute possono essere acquistate attraverso una piattaforma di exchange di criptovalute o tramite un broker di criptovalute. Le piattaforme di exchange di criptovalute consentono di acquistare criptovalute con valuta fiat o con altre criptovalute.

Quali sono i rischi e le opportunità degli investimenti in criptovalute? Gli investimenti in criptovalute possono essere rischiosi a causa della volatilità del mercato e della mancanza di regolamentazione. Tuttavia, le criptovalute possono anche offrire opportunità di investimento interessanti a lungo termine.

Quali sono le tendenze attuali del mercato delle criptovalute? Attualmente, il mercato delle criptovalute è in crescita e molte criptovalute stanno raggiungendo nuovi massimi storici. Tuttavia, il mercato delle criptovalute è volatile e soggetto a fluttuazioni rapide.

Quali sono le differenze tra le criptovalute e le valute tradizionali? Le criptovalute sono decentralizzate e non sono controllate da un'autorità centrale come le valute tradizionali. Inoltre, le criptovalute utilizzano la crittografia per proteggere e verificare le transazioni, mentre le valute tradizionali utilizzano i sistemi bancari e finanziari tradizionali.

Quali sono le implicazioni fiscali degli investimenti in criptovalute? Le implicazioni fiscali degli investimenti in criptovalute possono variare in base alla legislazione fiscale del paese in cui si risiede. In generale, gli investimenti in criptovalute sono soggetti a tasse sulle plusvalenze e sulle minusvalenze, ma le regole possono variare da paese a paese.

ecco alcune risorse che puoi utilizzare per approfondire la tua conoscenza sulle criptovalute:

Coursera: Coursera offre una vasta gamma di corsi online sulle criptovalute e sulla blockchain. Puoi seguire corsi gratuiti o a pagamento di diverse università e istituzioni, come Princeton University e University of California, Berkeley.

Udemy: Udemy offre corsi online su molte tematiche, tra cui anche la blockchain e le criptovalute. Puoi scegliere tra corsi gratuiti o a pagamento.

YouTube: Ci sono molti canali di YouTube che offrono video educativi sulle criptovalute e sulla blockchain. Alcuni dei canali più seguiti includono Andreas Antonopoulos, Coin Bureau e Ivan on Tech.

Reddit: Reddit è una comunità online di discussione che include diverse sezioni dedicate alle criptovalute, come r/CryptoCurrency e r/Bitcoin. Puoi utilizzare Reddit per scambiare informazioni e opinioni con altre persone interessate alle criptovalute.

Libri: Ci sono molti libri disponibili sulle criptovalute e sulla blockchain. Alcuni dei libri più noti includono "Mastering Bitcoin" di Andreas Antonopoulos, "The Internet of Money" di Andreas Antonopoulos e "The Basics of Bitcoins and Blockchains" di Antony Lewis.

Concludendo, spero che questo libro introduttivo su Chat GPT ti abbia fornito una buona panoramica su questa tecnologia avanzata e sulle sue molteplici applicazioni.

Grazie per aver dedicato il tuo tempo a leggere questo libro e per aver dimostrato interesse verso l'apprendimento di nuove tecnologie.

Ricorda che Chat GPT, come qualsiasi altra tecnologia, può essere utilizzato in modo positivo o negativo, a seconda di come viene utilizzato. Ti incoraggio a utilizzare Chat GPT in modo responsabile e a contribuire alla sua evoluzione in modo etico e costruttivo. Grazie ancora per aver letto questo libro introduttivo su Chat GPT!

www.ingramcontent.com/pod-product-compliance
Lightning Source LLC
Chambersburg PA
CBHW052146070326
40689CB00050B/2337